唐房玄齡等撰

晉書

第一册

卷一至卷一〇（紀）

中華書局

圖書在版編目(CIP)數據

晉書/(唐)房玄齡等撰. —北京:中華書局,1974.11
(2024.12重印)
ISBN 978-7-101-00308-6

Ⅰ.晉… Ⅱ.房… Ⅲ.中國-古代史-兩晉時代-紀傳體 Ⅳ.K237.042

中國版本圖書館CIP數據核字(2002)第087484號

責任印製:管　斌

晉　書
(全十册)
〔唐〕房玄齡等 撰
*
中華書局出版發行
(北京市豐臺區太平橋西里38號　100073)
http://www.zhbc.com.cn
E-mail:zhbc@zhbc.com.cn
北京新華印刷有限公司印刷
*
850×1168毫米 1/32 · 106¼印張 · 1880千字
1974年11月第1版　2024年12月第22次印刷
印數:137501-139500册　定價:380.00元

ISBN 978-7-101-00308-6

出版說明

晉書一百三十卷，包括帝紀十卷，志二十卷，列傳七十卷，載記三十卷，唐房玄齡等撰。它的敍事從司馬懿開始，到劉裕取代東晉爲止，記載了西晉和東晉封建王朝的興亡史，並用「載記」形式，兼敍了割據政權「十六國」的事蹟。

晉書的修撰，從貞觀二十年（公元六四六年）開始，二十二年（公元六四八年）成書，歷時不到三年。參加編寫的前後二十一人，其中房玄齡、褚遂良、許敬宗三人爲監修，其餘十八人是令狐德棻、敬播、來濟、陸元仕、劉子翼、盧承基、李淳風、李義府、薛元超、上官儀、崔行功、辛丘馭、劉胤之、楊仁卿、李延壽、張文恭、李安期和李懷儼。天文、律曆、五行三志，出自李淳風之手；修史體例，是敬播擬訂的，没有流傳下來。由於李世民（唐太宗）曾給宣帝（司馬懿）、武帝（司馬炎）二紀及陸機、王羲之兩傳寫了四篇史論，所以又題「御撰」。

唐代以前寫成的晉史有二十多種，在唐初，除沈約、鄭忠、庾銑三家晉書已亡佚外，其餘都還存在，當時認爲「制作雖多，未能盡善」，所以李世民才下詔重修。在修撰晉書時所能見到的晉代文獻，除上述專史外，還有大量的詔令、儀注、起居注以及文集，可供採擇的資料應當說是很豐富的。但此書的編撰者只用臧榮緒晉書作爲藍本，並兼採筆記小說的記載，稍加增飾。對於其他各家的晉史和有關史料，雖然也曾參考過，却没有充分利用和認真加以選擇考核。因此成書之後，卽受到當代人的指責，認爲它「好採詭謬碎事，以廣異聞；又所評論，競爲綺艷，不求篤實」。劉知幾在史通裏也批評它不重視史料的甄別去取，只追求文字的華麗。

李世民統治時代所修的前代史書，在晉書之外，還有梁、陳、北齊、周、隋五代史，何以李世民偏要選擇晉書來寫史論呢？這主要因爲西晉是個統一的王朝，它結束了三國時期幾十年的分裂局面。然而它的統一又是短暫的，不久就發生了中原地區的大混戰，此後便形成了東晉和十六國、南朝和北朝的長期對立。李世民作爲統一的唐朝的創業之君，很想對於晉朝的治亂興亡進行一番探索，作爲借鑑。正由於這個緣故，所以把西晉王朝的奠基人司馬懿和完成統一事業的司馬炎當作主要研究對象（關於陸機、王羲之的史論，主要着眼於他們的文學藝術成就，屬於另一種情況，姑置不論）。宣帝（司馬懿）、武帝（司馬炎）二紀的史論，雖然比較籠統，没有觸及晉朝治亂興衰的實質，但它指出司馬炎「居治而忘危」，「不知處廣以思狹」，「以新集易動之基，而無久安難拔之慮」，這些評論總算是看到了一些現象。

由於晉書成於衆手，從歷史編纂學的角度來看，還存在不少問題，前後矛盾，失去照應，敍事錯誤、疏漏，指不勝屈。如馮紞傳說「紞兄恢，自有傳」，殷顗傳說「弟仲文、叔獻，別有傳」，而實際上書中並沒有馮恢傳和殷叔獻傳。李重傳說「重議之，見百官志」，其實本書沒有百官志，只有職官志，其中不載李重奏議。司馬彪傳說「語在郊祀志」，實際上本書沒有郊祀志，此事也不見於禮志。又如地理志僅詳於西晉的情況，永嘉以後到東晉時代的建置和演變則非常簡略，對於僑置郡縣也不加區分，以致混淆不清。至於敍事中人名、地名、官職、時間、地點的錯誤和歧異就更多，一部分在校勘記裏已經指出，這裏不再詳舉。雖然這部書是有缺點的，但由於唐代以前的諸家晉書已經失傳，它還是我們今天研究兩晉歷史的一部主要參考書，包含了不少可供我們利用的資料。如東晉末年孫恩、盧循所領導的大規模農民起義，儘管作者有嚴重歪曲，史實也有遺漏，但本傳中還是記述了起義的概況。對於晉朝統治者的貪鄙無恥，本書也有所揭露。如劉毅傳，反映了開國皇帝的出賣官職。武帝紀和愍懷太子、何曾、任愷、會稽王道子等傳，記載了從皇帝太子到大官僚的唯利是圖，驕奢淫逸。在石崇傳裏，我們還可以看到身爲荆州刺史的石崇竟公開搶劫，因而成爲巨富，擁有水碓三十餘區，家奴八百多人。在王戎傳，可以看到「園田水碓，周徧天下」的大官僚王戎，仍然「積實聚錢，不知紀極，每自執牙籌，晝夜算計，恒若不足」的貪婪醜態。文苑王沈傳中的釋時論和隱逸魯褒傳中的錢神論，則把當時統治階級無耻鑽營、貪財好利的醜惡本性，作了淋漓盡致的諷刺和嘲弄。在志的部分，如食貨志從三國時代敍起，大體彌補了三國志無志的缺憾；律曆志所記幾種曆法，是我國科學史上的重要資料；因崔鴻的十六國春秋已經亡佚，三十卷載記成爲了解十六國漢族、少數族之間的階級鬥争、民族鬥争和民族融合的重要史料。

我們這次點校，以金陵書局本爲工作本，與宋本（卽百衲本）、清武英殿本互校，並參考了元二十二字本（卽元大德九路刊本）、明南北監本、吳本（卽吳琯西爽堂本）、周本（卽周若年刊本）、毛本（卽毛晉汲古閣本）。版本間的文字歧異，擇善而從，不出校記。但各本皆誤，唯一二本爲是的，仍作說明。

前人成果，利用較多的有張熠讀史舉正、盧文弨羣書拾補、王鳴盛十七史商榷、錢大昕二十二史考異及諸史拾遺、洪頤煊諸史考異、勞格晉書校勘記、李慈銘晉書札記、周家禄晉書校勘記、丁國鈞晉書校文、張元濟和張森楷的晉書校勘記（這兩種都是未刊稿）以及吳仕鑑晉書斠注等。此外，還參閱了三國志、宋書、魏書、南史、華陽國志、建康實録、通典、通志、資治通鑑以及藝文類聚、北堂書鈔、太平御覽、册府元龜等，校正了有關部分。書中的避諱字，天干「丙」字，唐人諱改爲「景」，現一律改回。其他避諱字，一般不改，只在第一次出現時寫出校記。

全書總目，爲便於檢閱，加以重編。晉書音義三卷，唐代何超撰，對閱讀晉書有一些參考價值，今與修晉書詔一併附於書後。

本書點校初稿由吴則虞同志擔任。載記部分，曾經唐長孺同志覆閱修改。先後參加全書編輯整理工作的，有楊伯峻、吴翊如、汪紹楹、丁曉先、張忱石諸同志。限於水平，錯誤在所難免，望讀者隨時指正，以便再版時修正。

中華書局編輯部

晉書目錄

卷三十二 列傳第二

卷三十三 列傳第三

卷三十四 列傳第四

卷三十五　列傳第五

卷三十六　列傳第六

卷三十七　列傳第七

卷三十八　列傳第八

卷三十九　列傳第九

卷四十四　列傳第十四

卷四十五　列傳第十五

卷五十　列傳第二十

卷五十一　列傳第二十一

卷五十二　列傳第二十二

卷五十三　列傳第二十三

卷五十四　列傳第二十四

卷五十五　列傳第二十五

卷五十六　列傳第二十六

卷五十七　列傳第二十七

卷六十三　列傳第三十三

卷六十四　列傳第三十四

卷六十五　列傳第三十五

卷六十六　列傳第三十六

卷六十七 列傳第三十七

卷六十八 列傳第三十八

卷六十九 列傳第三十九

卷七十 列傳第四十

卷七十一 列傳第四十一

卷七十二 列傳第四十二

卷七十三 列傳第四十三

卷七十四 列傳第四十四

卷七十九 列傳第四十九

卷八十 列傳第五十

卷八十九　列傳第五十九

卷九十　列傳第六十

卷九十一　列傳第六十一

卷九十二　列傳第六十二

卷九十三　列傳第六十三

卷九十五　列傳第六十五

卷九十六　列傳第六十六

晉書卷一

帝紀第一

宣帝

宣皇帝諱懿，字仲達，河內溫縣孝敬里人，姓司馬氏。其先出自帝高陽之子重黎，爲夏官祝融。歷唐、虞、夏、商，世序其職。及周，以夏官爲司馬。其後程伯休父，周宣王時，以世官克平徐方，錫以官族，因而爲氏。楚漢間，司馬卬爲趙將，與諸侯伐秦。秦亡，立爲殷王，都河內。漢以其地爲郡，子孫遂家焉。自卬八世，生征西將軍鈞，字叔平。鈞生豫章太守量，字公度。量生潁川太守儁，字元異。儁生京兆尹防，字建公。帝卽防之第二子也。少有奇節，聰朗多大略，博學洽聞，伏膺儒教。漢末大亂，常慨然有憂天下心。南陽太守同郡楊俊名知人，〔一〕見帝，未弱冠，以爲非常之器。尙書清河崔琰與帝兄朗善，亦謂朗曰：「君弟聰亮明允，剛斷英特，非子所及也。」

漢建安六年，郡舉上計掾。魏武帝爲司空，聞而辟之。帝知漢運方微，不欲屈節曹氏，辭以風痺，不能起居。魏武使人夜往密刺之，帝堅臥不動。及魏武爲丞相，又辟爲文學掾，敕行者曰：「若復盤桓，便收之。」帝懼而就職。於是使與太子游處，遷黃門侍郎，轉議郎、丞相東曹屬，尋轉主簿。

從討張魯，言於魏武曰：「劉備以詐力虜劉璋，蜀人未附而遠爭江陵，此機不可失也。今若曜威漢中，益州震動，進兵臨之，勢必瓦解。因此之勢，易爲功力。聖人不能違時，亦不失時矣。」魏武曰：「人苦無足，既得隴右，復欲得蜀！」言竟不從。既而從討孫權，破之。軍還，權遣使乞降，上表稱臣，陳說天命。魏武帝曰：「此兒欲踞吾著爐炭上邪！」答曰：「漢運垂終，殿下十分天下而有其九，以服事之。權之稱臣，天人之意也。虞、夏、殷、周不以謙讓者，畏天知命也。」

魏國既建，遷太子中庶子。每與大謀，輒有奇策，爲太子所信重，與陳羣、吳質、朱鑠號曰四友。

遷爲軍司馬，言於魏武曰：「昔箕子陳謀，以食爲首。今天下不耕者蓋二十餘萬，非經國遠籌也。雖戎甲未卷，自宜且耕且守。」魏武納之，於是務農積穀，國用豐贍。帝又言荆州刺史胡脩粗暴，南鄉太守傅方驕奢，並不可居邊。魏武不之察。及蜀將關羽圍曹仁於樊，于禁等七軍皆沒，脩、方果降羽，而仁圍甚急焉。

是時漢帝都許昌，魏武以爲近賊，欲徙河北。帝諫曰：「禁等爲水所沒，非戰守之所失，於國家大計未有所損，而便遷都，既示敵以弱，又淮沔之人大不安矣。孫權、劉備，外親內疏，羽之得意，權所不願也。可喻權所，令掎其後，則樊圍自解。」魏武從之。權果遣將呂蒙西襲公安，拔之，羽遂爲蒙所獲。

魏武以荊州遺黎及屯田在潁川者逼近南寇，〔三〕皆欲徙之。帝曰：「荊楚輕脫，易動難安。關羽新破，諸爲惡者藏竄觀望。今徙其善者，既傷其意，將令去者不敢復還。」從之。其後諸亡者悉復業。

及魏武薨于洛陽，朝野危懼。帝綱紀喪事，內外肅然。乃奉梓宮還鄴。

魏文帝即位，封河津亭侯，轉丞相長史。會孫權帥兵西過，朝議以樊、襄陽無穀，不可以禦寇。時曹仁鎮襄陽，請召仁還宛。帝曰：「孫權新破關羽，此其欲自結之時也，必不敢爲患。襄陽水陸之衝，禦寇要害，不可棄也。」言竟不從。仁遂焚棄二城，權果不爲寇，魏文悔之。

及魏受漢禪，以帝爲尚書。頃之，轉督軍、御史中丞，封安國鄉侯。黃初二年，督軍官罷，遷侍中、尚書右僕射。

五年，天子南巡，觀兵吳疆。帝留鎮許昌，改封向鄉侯，轉撫軍、假節，領兵五千，加給事中、錄尚書事。帝固辭。天子曰：「吾於庶事，以夜繼晝，無須臾寧息。此非以爲榮，乃分憂耳。」

六年，天子復大興舟師征吳，復命帝居守，內鎮百姓，外供軍資。臨行，詔曰：「吾深以後事爲念，故以委卿。曹參雖有戰功，而蕭何爲重。使吾無西顧之憂，不亦可乎！」天子自廣陵還洛陽，詔帝曰：「吾東，撫軍當總西事；吾西，撫軍當總東事。」於是帝留鎮許昌。

及天子疾篤，帝與曹眞、陳羣等見於崇華殿之南堂，並受顧命輔政。詔太子曰：「有間此三公者，愼勿疑之。」明帝卽位，改封舞陽侯。

及孫權圍江夏，遣其將諸葛瑾、張霸幷攻襄陽，帝督諸軍討權，走之。進擊，敗瑾，斬霸，幷首級千餘。遷驃騎將軍。

太和元年六月，天子詔帝屯于宛，加督荆、豫二州諸軍事。

初，蜀將孟達之降也，魏朝遇之甚厚。帝以達言行傾巧不可任，驟諫不見聽，乃以達領新城太守，封侯，假節。達於是連吳固蜀，潛圖中國。蜀相諸葛亮惡其反覆，又慮其爲患。達與魏興太守申儀有隙，亮欲促其事，乃遣郭模詐降，過儀，因漏泄其謀。達聞其謀漏泄，將舉兵。帝恐達速發，以書喻之曰：「將軍昔棄劉備，託身國家，國家委將軍以疆埸之任，任將軍以圖蜀之事，可謂心貫白日。蜀人愚智，莫不切齒於將軍。諸葛亮欲相破，惟苦無路耳。模之所言，非小事也，亮豈輕之而令宣露，此殆易知耳。」達得書大喜，猶與不決。帝乃潛軍進討。諸將言達與二賊交構，宜觀望而後動。帝曰：「達無信義，此其相疑之時也，當及其未定促決之。」乃倍道兼行，八日到其城下。吳蜀各遣其將向西城安橋、木闌塞以救達，帝分諸將以距之。

初，達與亮書曰：「宛去洛八百里，去吾一千二百里，聞吾舉事，當表上天子，比相反覆，一月間也，則吾城已固，諸軍足辦。則吾所在深險，司馬公必不自來；諸將來，吾無患矣。」及兵到，達又告亮曰：「吾舉事八日，而兵至城下，何其神速也！」上庸城三面阻水，達於城外爲木栅以自固。〔三〕帝渡水，破其栅，直造城下。八道攻之，旬有六日，達甥鄧賢、將李輔等開門出降。斬達，傳首京師。俘獲萬餘人，振旅還于宛。乃勸農桑，禁浮費，南土悅附焉。初，申儀久在魏興，專威疆埸，輒承制刻印，多所假授。達既誅，有自疑心。時諸郡守以帝新克捷，奉禮求賀，皆聽之。帝使人諷儀，儀至，問承制狀，執之，歸于京師。又徙孟達餘衆七千餘家於幽州。蜀將姚靜、鄭他等帥其屬七千餘人來降。

時邊郡新附，多無戶名，魏朝欲加隱實。屬帝朝於京師，天子訪之於帝。帝對曰：「賊以密網束下，故下棄之。宜弘以大綱，則自然安樂。」又問二虜宜討，何者爲先？對曰：「吳以中國不習水戰，故敢散居東關。凡攻敵，必扼其喉而揕其心。夏口、東關，賊之心喉。若爲陸軍以向皖城，引權東下，爲水戰軍向夏口，乘其虛而擊之，此神兵從天而墮，破之必矣。」天子並然之，復命帝屯於宛。

四年，遷大將軍，加大都督、假黃鉞，與曹眞伐蜀。帝自西城斫山開道，水陸並進，泝沔而上，至於朐䏰，拔其新豐縣。軍次丹口，遇雨，班師。

明年，諸葛亮寇天水，圍將軍賈嗣、魏平於祁山。天子曰：「西方有事，非君莫可付者。」乃使帝西屯長安，都督雍、梁二州諸軍事，〔四〕統車騎將軍張郃、後將軍費曜、征蜀護軍戴淩、雍州刺史郭淮等討亮。張郃勸帝分軍住雍、郿爲後鎭，帝曰：「料前軍獨能當之者，將軍言是也。若不能當，而分爲前後，此楚之三軍所以爲黥布禽也。」遂進軍隃麋。亮聞大軍且至，乃自帥衆將芟上邽之麥。諸將皆懼，帝曰：「亮慮多決少，必安營自固，然後芟麥，吾得二日兼行足矣。」於是卷甲晨夜赴之，亮望塵而遁。帝曰：「吾倍道疲勞，此曉兵者之所貪也。亮不敢據渭水，此易與耳。」進次漢陽，與亮相遇，帝列陣以待之。使將牛金輕騎餌之，兵才接而亮退，追至祁山。亮屯鹵城，據南北二山，斷水爲重圍。帝攻拔其圍，亮宵遁，追擊破之，俘斬萬計。天子使使者勞軍，增封邑。

時軍師杜襲、督軍薛悌皆言明年麥熟，亮必爲寇，隴右無穀，宜及冬豫運。帝曰：「亮再出祁山，一攻陳倉，挫衄而反。縱其後出，不復攻城，當求野戰，必在隴東，不在西也。亮每以糧少爲恨，歸必積穀，以吾料之，非三稔不能動矣。」於是表徙冀州農夫佃上邽，興京兆、天水、南安監治。

青龍元年，穿成國渠，築臨晉陂，溉田數千頃，國以充實焉。

二年，亮又率衆十餘萬出斜谷，壘于郿之渭水南原。天子憂之，遣征蜀護軍秦朗督步騎二萬，受帝節度。諸將欲住渭北以待之，帝曰：「百姓積聚皆在渭南，此必爭之地也。」遂引軍而濟，背水爲壘。因謂諸將曰：「亮若勇者，當出武功，依山而東。若西上五丈原，則諸軍無事矣。」亮果上原，將北渡渭，帝遣將軍周當屯陽遂以餌之。數日，亮不動。帝曰：「亮欲爭原而不向陽遂，此意可知也。」遣將軍胡遵、雍州刺史郭淮共備陽遂，與亮會于積石。臨原而戰，亮不得進，還於五丈原。會有長星墜亮之壘，帝知其必敗，遣奇兵掎亮之後，斬五百餘級，獲生口千餘，降者六百餘人。

時朝廷以亮僑軍遠寇，利在急戰，每命帝持重，以候其變。亮數挑戰，帝不出，因遺帝巾幗婦人之飾。帝怒，表請決戰，天子不許，乃遣骨鯁臣衞尉辛毗杖節爲軍師以制之。後亮復來挑戰，帝將出兵以應之，毗杖節立軍門，帝乃止。初，蜀將姜維聞毗來，謂亮曰：「辛毗杖節而至，賊不復出矣。」亮曰：「彼本無戰心，所以固請者，以示武于其衆耳。將在軍，君命有所不受，苟能制吾，豈千里而請戰邪！」

帝弟孚書問軍事，帝復書曰：「亮志大而不見機，多謀而少決，好兵而無權，雖提卒十萬，已墮吾畫中，破之必矣。」與之對壘百餘日，會亮病卒，諸將燒營遁走，百姓奔告，帝出兵追之。亮長史楊儀反旗鳴鼓，若將距帝者。帝以窮寇不之逼，於是楊儀結陣而去。經日，乃行其營壘，觀其遺事，獲其圖書、糧穀甚衆。帝審其必死，曰：「天下奇才也。」辛毗以爲尚未可知。帝曰：「軍家所重，軍書密計、兵馬糧穀，今皆棄之，豈有人捐其五藏而可以生乎？宜急追之。」關中多蒺蔾，帝使軍士二千人著軟材平底木屐前行，蒺蔾悉著屐，然後馬步俱進。追到赤岸，乃知亮死審問。時百姓爲之諺曰：「死諸葛走生仲達。」帝聞而笑曰：「吾便料生，不便料死故也。」

先是，亮使至，帝問曰：「諸葛公起居何如，食可幾米？」〔五〕對曰：「三四升。」次問政事，曰：「二十罰已上皆自省覽。」帝既而告人曰：「諸葛孔明其能久乎！」竟如其言。亮部將楊儀、魏延爭權，儀斬延，并其衆。帝欲乘隙而進，有詔不許。

三年，遷太尉，累增封邑。蜀將馬岱入寇，帝遣將軍牛金擊走之，斬千餘級。武都氐王苻雙、强端帥其屬六千餘人來降。〔六〕關東饑，帝運長安粟五百萬斛輸於京師。

四年，獲白鹿，獻之。天子曰：「昔周公旦輔成王，有素雉之貢。今君受陝西之任，有白鹿之獻，豈非忠誠協符，千載同契，俾乂邦家，以永厥休邪！」及遼東太守公孫文懿反，徵帝詣京師。天子曰：「此不足以勞君，事欲必克，故以相煩耳。君度其作何計？」對曰：「棄城預走，上計也。據遼水以距大軍，次計也。坐守襄平，此成擒耳。」天子曰：「其計將安出？」對曰：「惟明者能深度彼己，豫有所棄，此非其所及也。今懸軍遠征，將謂不能持久，必先距遼水而後守，此中、下計也。」天子曰：「往還幾時？」對曰：「往百日，還百日，攻百日，以六十日爲休息，一年足矣。」

是時大修宮室，加之以軍旅，百姓饑弊。帝將卽戎，乃諫曰：「昔周公營洛邑，蕭何造未央，今宮室未備，臣之責也。然自河以北，百姓困窮，外內有役，勢不並興，宜假絕內務，以救時急。」

景初二年，帥牛金、胡遵等步騎四萬，發自京都。車駕送出西明門，詔弟孚、子師送過溫，賜以穀帛牛酒，敕郡守典農以下皆往會焉。見父老故舊，讌飲累日。帝歎息，悵然有感，爲歌曰：「天地開闢，日月重光。遭遇際會，畢力遐方。將掃羣穢，還過故鄉。肅清萬里，總齊八荒。告成歸老，待罪舞陽。」遂進師，經孤竹，越碣石，次于遼水。文懿果遣步騎數萬，阻遼隧，堅壁而守，南北六七十里，以距帝。帝盛兵多張旗幟出其南，賊盡銳赴之。乃泛舟潛濟以出其北，與賊營相逼，沈舟焚梁，傍遼水作長圍，棄賊而向襄平。諸將言曰：「不攻賊而作圍，非所以示衆也。」帝曰：「賊堅營高壘，欲以老吾兵也。攻之，正入其計，此王邑所以恥過昆陽也。古人曰，敵雖高壘，不得不與我戰者，攻其所必救也。賊大衆在此，則巢窟虛矣。我直指襄平，則人懷內懼，懼而求戰，破之必矣。」遂整陣而過。賊見兵出其後，果邀之。帝謂諸將曰：「所以不攻其營，正欲致此，不可失也。」乃縱兵逆擊，大破之，三戰皆捷。賊保襄平，進軍圍之。

初，文懿聞魏師之出也，請救於孫權。權亦出兵遙爲之聲援，遺文懿書曰：「司馬公善用兵，變化若神，所向無前，深爲弟憂之。」

會霖潦，大水平地數尺，三軍恐，欲移營。帝令軍中敢有言徙者斬。都督令史張靜犯令，斬之，軍中乃定。賊恃水，樵牧自若。諸將欲取之，皆不聽。司馬陳珪曰：「昔攻上庸，八部並進，晝夜不息，故能一旬之半，拔堅城，斬孟達。今者遠來而更安緩，愚竊惑焉。」帝曰：「孟達衆少而食支一年，吾將士四倍于達而糧不淹月，以一月圖一年，安可不速？以四擊一，正令半解，猶當爲之。是以不計死傷，與糧競也。今賊衆我寡，賊飢我飽，水雨乃爾，功力不設，雖當促之，亦何所爲。自發京師，不憂賊攻，但恐賊走。今賊糧垂盡，而圍落未合，掠其牛馬，抄其樵采，此故驅之走也。夫兵者詭道，善因事變。賊憑衆恃雨，故雖飢困，未肯束手，當示無能以安之。取小利以驚之，非計也。」朝廷聞師遇雨，咸請召還。天子曰：「司馬公臨危制變，計日擒之矣。」既而雨止，遂合圍。起土山地道，楯櫓鉤橦，發矢石雨下，晝夜攻之。

時有長星，色白，有芒鬣，自襄平城西南流于東北，墜於梁水，城中震慴。文懿大懼，乃使其所署相國王建、御史大夫柳甫乞降，請解圍面縛。不許，執建等，皆斬之。檄告文懿曰：「昔楚鄭列國，而鄭伯猶肉袒牽羊而迎之。孤爲王人，位則上公，而建等欲孤解圍退舍，豈楚鄭之謂邪！二人老耄，必傳言失旨，已相爲斬之。若意有未已，可更遣年少有明決者來。」文懿復遣侍中衞演乞剋日送任。帝謂演曰：「軍事大要有五，能戰當戰，不能戰當守，不能守當走，餘二事惟有降與死耳。汝不肯面縛，此爲決就死也，不須送任。」文懿攻南圍突出，帝縱兵擊敗之，斬于梁水之上星墜之所。既入城，立兩標以別新舊焉。男子年十五已上七千餘人皆殺之，以爲京觀。僞公卿已下皆伏誅，戮其將軍畢盛等二千餘人。收戶四萬，口三十餘萬。

初，文懿篡其叔父恭位而囚之。及將反，將軍綸直、賈範等苦諫，文懿皆殺之。帝乃釋恭之囚，封直等之墓，顯其遺嗣。令曰：「古之伐國，誅其鯨鯢而已，諸爲文懿所詿誤者，皆原之。中國人欲還舊鄉，恣聽之。」

時有兵士寒凍，乞襦，帝弗之與。或曰：「幸多故襦，可以賜之。」帝曰：「襦者官物，人臣無私施也。」乃奏軍人年六十已上者罷遣千餘人，將吏從軍死亡者致喪還家。遂班師。天子遣使者勞軍于薊，增封食昆陽，并前二縣。

初，帝至襄平，夢天子枕其膝，曰：「視吾面。」俛視有異於常，心惡之。先是，詔帝便道鎭關中；及次白屋，有詔召帝，三日之間，詔書五至。手詔曰：「間側息望到，到便直排閤入，視吾面。」帝大遽，乃乘追鋒車晝夜兼行，自白屋四百餘里，一宿而至。引入嘉福殿臥內，升御牀。帝流涕問疾，天子執帝手，目齊王曰：「以後事相託。死乃復可忍，吾忍死待君，得相見，無所復恨矣。」與大將軍曹爽並受遺詔輔少主。

及齊王卽帝位，遷侍中、持節、都督中外諸軍、錄尚書事，與爽各統兵三千人，共執朝政，更直殿中，乘輿入殿。爽欲使尚書奏事先由己，乃言於天子，徙帝爲大司馬。朝議以爲前後大司馬累薨於位，乃以帝爲太傅，入殿不趨，贊拜不名，劍履上殿，如漢蕭何故事。嫁娶喪葬取給於官，以世子師爲散騎常侍，子弟三人爲列侯，四人爲騎都尉。帝固讓子弟官不受。

正始元年春正月，〔七〕東倭重譯納貢，焉耆、危須諸國，弱水以南，鮮卑名王，皆遣使來獻。天子歸美宰輔，又增帝封邑。

初，魏明帝好修宮室，制度靡麗，百姓苦之。帝自遼東還，役者猶萬餘人，雕玩之物動以千計。至是皆奏罷之，節用務農，天下欣賴焉。

二年夏五月，吳將全琮寇芍陂，朱然、孫倫圍樊城，諸葛瑾、步騭掠柤中，帝請自討之。議者咸言，賊遠來圍樊，不可卒拔。挫於堅城之下，有自破之勢，宜長策以御之。帝曰：「邊城受敵而安坐廟堂，疆埸騷動，衆心疑惑，是社稷之大憂也。」

六月，乃督諸軍南征，車駕送出津陽門。帝以南方暑溼，不宜持久，使輕騎挑之，然不敢動。於是休戰士，簡精銳，募先登，申號令，示必攻之勢。吳軍夜遁走，追至三州口，斬獲萬餘人，收其舟船軍資而還。天子遣侍中常侍勞軍于宛。

秋七月，增封食郾、臨潁，并前四縣，邑萬戶，子弟十一人皆爲列侯。帝勳德日盛，而謙恭愈甚。以太常常林鄉邑舊齒，見之每拜。恆戒子弟曰：「盛滿者道家之所忌，四時猶有推移，吾何德以堪之。損之又損之，庶可以免乎！」

三年春，天子追封謚皇考京兆尹爲舞陽成侯。

三月，奏穿廣漕渠，引河入汴，溉東南諸陂，始大佃於淮北。

先是，吳遣將諸葛恪屯皖，邊鄙苦之，帝欲自擊恪。議者多以賊據堅城，積穀，欲引致官兵。今懸軍遠攻，其救必至，進退不易，未見其便。帝曰：「賊之所長者水也，今攻其城，以觀其變。若用其所長，棄城奔走，此爲廟勝也。若敢固守，湖水冬淺，船不得行，勢必棄水相救，由其所短，亦吾利也。」

四年秋九月，帝督諸軍擊諸葛恪，車駕送出津陽門。軍次於舒，恪焚燒積聚，棄城而遁。

帝以滅賊之要，在於積穀，乃大興屯守，廣開淮陽、百尺二渠，又修諸陂於潁之南北，萬餘頃。〔八〕自是淮北倉庾相望，壽陽至於京師，〔九〕農官屯兵連屬焉。

五年春正月，帝至自淮南，天子使持節勞軍。

尚書鄧颺、李勝等欲令曹爽建立功名，勸使伐蜀。帝止之，不可，爽果無功而還。

六年秋八月，曹爽毁中壘中堅營，以兵屬其弟中領軍羲。帝以先帝舊制禁之，不可。

冬十二月，天子詔帝朝會乘輿升殿。

七年春正月，吳寇柤中，夷夏萬餘家避寇北渡沔。帝以沔南近賊，若百姓奔還，必復致寇，宜權留之。曹爽曰：「今不能修守沔南而留百姓，非長策也。」帝曰：「不然。凡物致之安地則安，危地則危。故兵書曰『成敗，形也；安危，勢也』。形勢，御衆之要，不可以不審。設令賊以二萬人斷沔水，三萬人與沔南諸軍相持，萬人陸梁柤中，將何以救之？」爽不從，卒令還南。賊果襲破柤中，所失萬計。

八年夏四月，夫人張氏薨。

曹爽用何晏、鄧颺、丁謐之謀，遷太后於永寧宮，專擅朝政，兄弟並典禁兵，多樹親黨，屢改制度。帝不能禁，於是與爽有隙。

五月，帝稱疾不與政事。時人爲之謠曰：「何、鄧、丁，亂京城。」

九年春三月，黃門張當私出掖庭才人石英等十一人，與曹爽爲伎人。爽、晏謂帝疾篤，遂有無君之心，與當密謀，圖危社稷，期有日矣。帝亦潛爲之備，爽之徒屬亦頗疑帝。會河南尹李勝將莅荊州，來候帝。帝詐疾篤，使兩婢侍，持衣衣落，指口言渴，婢進粥，帝不持杯飲，粥皆流出霑胸。勝曰：「衆情謂明公舊風發動，何意尊體乃爾！」帝使聲氣纔屬，說「年老枕疾，死在旦夕。君當屈并州，并州近胡，善爲之備。恐不復相見，以子師、昭兄弟爲託」。勝曰：「當還忝本州，非并州。」帝乃錯亂其辭曰：「君方到并州。」勝復曰：「當忝荊州。」帝曰：「年老意荒，不解君言。今還爲本州，盛德壯烈，好建功勳！」勝退告爽曰：「司馬公尸居餘氣，形神已離，不足慮矣。」他日，又言曰：「太傅不可復濟，令人愴然。」故爽等不復設備。

嘉平元年春正月甲午，天子謁高平陵，爽兄弟皆從。是日，太白襲月。帝于是奏永寧太后廢爽兄弟。時景帝爲中護軍，將兵屯司馬門。帝列陣闕下，經爽門。爽帳下督嚴世上樓，引弩將射帝，孫謙止之曰：「事未可知。」三注三止，皆引其肘不得發。大司農桓範出赴爽，蔣濟言於帝曰：「智囊往矣。」帝曰：「爽與範內疏而智不及，駑馬戀短豆，〔一〇〕必不能用也。」於是假司徒高柔節，行大將軍事，領爽營，謂柔曰：「君爲周勃矣。」命太僕王觀行中領軍，攝羲營。帝親帥太尉蔣濟等勒兵出迎天子，屯于洛水浮橋，上奏曰：「先帝詔陛下、秦王及臣升於御牀，握臣臂曰『深以後事爲念』。今大將軍爽背棄顧命，敗亂國典，內則僭擬，外專威權。羣官要職，皆置所親；宿衞舊人，並見斥黜。根據槃互，縱恣日甚。又以黃門張當爲都監，專共交關，伺候神器。天下洶洶，人懷危懼。陛下便爲寄坐，豈得久安？此非先帝詔陛下及臣升御牀之本意也。臣雖朽邁，敢忘前言。昔趙高極意，秦是以亡；呂霍早斷，漢祚永延。此乃陛下之殷鑒，臣授命之秋也。公卿羣臣皆以爽有無君之心，兄弟不宜典兵宿衞，奏皇太后，皇太后敕如奏施行。臣輒敕主者及黄門令罷爽、羲、訓吏兵，各以本官侯就第。若稽留車駕，以軍法從事。臣輒力疾將兵詣洛水浮橋，伺察非常。」爽不通奏，留車駕宿伊水南，伐樹爲鹿角，發屯兵數千人以守。桓範果勸爽奉天子幸許昌，移檄徵天下兵。爽不能用，而夜遣侍中許允、尚書陳泰詣帝，觀望風旨。帝數其過失，事止免官。泰還以報爽，勸之通奏。帝又遣爽所信殿中校尉尹大目諭爽，指洛水爲誓，爽意信之。桓範等援引古今，諫說萬端。終不能從，乃曰：「司馬公正當欲奪吾權耳。吾得以侯還第，不失爲富家翁。」範拊膺曰：「坐卿，滅吾族矣！」遂通帝奏。既而有司劾黄門張當，并發爽與何晏等反事，乃收爽兄弟及其黨與何晏、丁謐、鄧颺、畢軌、李勝、桓範等誅之。蔣濟曰：「曹眞之勳，不可以不祀。」帝不聽。

初，爽司馬魯芝、主簿楊綜斬關奔爽。及爽之將歸罪也，芝、綜泣諫曰：「公居伊周之任，挾天子，杖天威，孰敢不從？舍此而欲就東市，豈不痛哉！」有司奏收芝、綜科罪，帝赦之，曰：「以勸事君者。」

二月，天子以帝爲丞相，增封潁川之繁昌、鄢陵、新汲、父城，并前八縣，邑二萬戶，奏事不名。固讓丞相。

冬十二月，加九錫之禮，朝會不拜。固讓九錫。

二年春正月，天子命帝立廟于洛陽，置左右長史，增掾屬、舍人滿十人，歲舉掾屬任御史、秀才各一人，增官騎百人，鼓吹十四人，封子肜平樂亭侯，倫安樂亭侯。帝以久疾不任朝請，每有大事，天子親幸第以諮訪焉。

兗州刺史令狐愚、太尉王淩貳於帝，謀立楚王彪。

三年春正月，王淩詐言吳人塞涂水，請發兵以討之。帝潛知其計，不聽。夏四月，帝自帥中軍，汎舟沿流，九日而到甘城。淩計無所出，乃迎於武丘，〔二〕面縛水次，曰：「淩若有罪，公當折簡召淩，何苦自來邪！」帝曰：「以君非折簡之客故耳。」即以淩歸于京師。道經賈逵廟，淩呼曰：「賈梁道！王淩是大魏之忠臣，惟爾有神知之。」至項，仰鴆而死。收其餘黨，皆夷三族，并殺彪。悉錄魏諸王公置于鄴，命有司監察，不得交關。天子遣侍中韋誕持節勞軍于五池。帝至自甘城，天子又使兼大鴻臚、太僕庾嶷持節，策命帝爲相國，封安平郡公，孫及兄子各一人爲列侯，前後食邑五萬戶，侯者十九人。固讓相國、郡公不受。

六月，帝寢疾，夢賈逵、王淩爲祟，甚惡之。秋八月戊寅，崩於京師，時年七十三。天子素服臨弔，喪葬威儀依漢霍光故事，追贈相國、郡公。弟孚表陳先志，辭郡公及轀輬車。九月庚申，葬于河陰，謚曰文，後改謚宣文。〔一三〕先是，預作終制，於首陽山爲土藏，不墳不樹；作顧命三篇，斂以時服，不設明器，後終者不得合葬。一如遺命。晉國初建，追尊曰宣王。武帝受禪，上尊號曰宣皇帝，陵曰高原，廟稱高祖。

帝內忌而外寬，猜忌多權變。魏武察帝有雄豪志，聞有狼顧相，欲驗之。乃召使前行，令反顧，面正向後而身不動。又嘗夢三馬同食一槽，甚惡焉。因謂太子丕曰：「司馬懿非人臣也，必預汝家事。」太子素與帝善，每相全佑，故免。帝於是勤於吏職，夜以忘寢，至於芻牧之間，悉皆臨履，由是魏武意遂安。及平公孫文懿，大行殺戮。誅曹爽之際，支黨皆夷及三族，男女無少長，姑姊妹女子之適人者皆殺之，既而竟遷魏鼎云。

明帝時，王導侍坐。帝問前世所以得天下，導乃陳帝創業之始，及文帝末高貴鄉公事。明帝以面覆牀曰：「若如公言，晉祚復安得長遠！」迹其猜忍，蓋有符於狼顧也。

制曰：夫天地之大，黎元爲本；邦國之貴，元首爲先。治亂無常，興亡有運。是故五帝之上，居萬乘以爲憂；三王已來，處其憂而爲樂。競智力，爭利害，大小相吞，强弱相襲。逮乎魏室，三方鼎峙，干戈不息，氛霧交飛。宣皇以天挺之姿，應期佐命，文以纘治，武以稜威。用人如在己，求賢若不及；情深阻而莫測，性寬綽而能容。和光同塵，與時舒卷，戢鱗潛翼，思屬風雲。飾忠于已詐之心，延安于將危之命。觀其雄略內斷，英猷外決，殄公孫於百日，擒孟達於盈旬，自以兵動若神，謀無再計矣。既而擁衆西舉，與諸葛相持。抑其甲兵，本無鬭志，遺其巾幗，方發憤心。杖節當門，雄圖頓屈，請戰千里，詐欲示威。且秦蜀之人，勇懦非敵，夷險之路，勞逸不同，以此爭功，其利可見。而返閉軍固壘，莫敢爭鋒，生怯實而未前，死疑虛而猶遁，良將之道，失在斯乎！文帝之世，輔翼權重，許昌同蕭何之委，崇華甚霍光之寄。當謂竭誠盡節，伊傅可齊。及明帝將終，棟梁是屬，受遺二主，佐命三朝，既承忍死之託，曾無殉生之報。天子在外，內起甲兵，陵土未乾，遽相誅戮，貞臣之體，寧若此乎！盡善之方，以斯爲惑。夫征討之策，豈東智而西愚？輔佐之心，何前忠而後亂？故晉明掩面，恥欺僞以成功；石勒肆言，笑姦回以定業。古人有云，「積善三年，知之者少；爲惡一日，聞于天下」，可不謂然乎！雖自隱過當年，而終見嗤後代。亦猶竊鍾掩耳，以衆人爲不聞；銳意盜金，謂市中爲莫覩。故知貪于近者則遺遠，溺于利者則傷名；若不損己以益人，則當禍人而福己。順理而舉易爲力，背時而動難爲功。況以未成之晉基，逼有餘之魏祚？雖復道格區宇，德被蒼生，而天未啓時，寶位猶阻，非可以智競，不可以力爭，雖則慶流後昆，而身終於北面矣。

校勘記

〔一〕南陽太守同郡楊俊　「南陽」，各本皆作「南郡」。錢大昕廿二史考異（以下簡稱考異）：「魏志俊爲南陽太守，非南郡。」今據改。

〔二〕屯田在潁川者逼近南寇　張熷讀史舉正（以下簡稱舉正）：「南寇」謂吳，潁川未爲逼近，資治通鑑（以下簡稱通鑑）六八作「漢川」，是也。

〔三〕爲木柵以自固　何超晉書音義（以下簡稱音義）「木柵」作「水柵」。

〔四〕都督雍梁二州諸軍事　據三國志魏志（以下僅稱魏志、蜀志或吳志）陳留王紀，梁州置於景元四年十二月，在此後三十餘年。司馬懿督二州係代曹眞，景初三年趙儼代懿，魏志曹眞傳、趙儼傳都作「雍涼」。疑當從魏志。

〔五〕食可幾米　太平御覽（以下簡稱御覽）三七八引魏明帝詔曹植云「食幾許米」，幾許即幾何，爲漢魏常語，「幾」下疑當有「許」字。

〔六〕武都氐王苻雙强端帥其屬六千餘人來降　據蜀志張嶷傳、華陽國志七，武都氐王苻健降蜀，其弟率衆就魏。苻雙並非氐王，疑「王」字衍。

〔七〕正始元年　「正始」上各本皆有「魏」字。周家祿晉書校勘記以下簡稱周校：「『魏』字衍文，蓋前有『魏國既建』，『魏文帝卽位』，黃初以下皆蒙上爲文。」今據刪。

〔八〕又修諸陂於潁之南北萬餘頃　吳仕鑑晉書斠注以下簡稱斠注：食貨志作「大治諸陂于潁南潁北，穿渠三百餘里，溉田二萬頃」。紀文「萬餘頃」上似脫「溉田」二字。

〔九〕壽陽至於京師　「壽陽」，食貨志作「壽春」。按：東晉时始改壽春爲壽陽，此處當作「壽春」。書中壽春、壽陽雜出，類此以下不再校。

〔一〇〕駑馬戀短豆　武英殿本以下簡稱殿本及魏志曹爽傳注引干寶晉紀、資治通鑑七五「短豆」作「棧豆」，御覽八九五引干寶晉紀作「芻豆」。

〔一一〕武丘　魏志王淩傳、通鑑七五作「丘頭」。魏志文帝紀甘露三年「魏帝命改丘頭曰武丘」，高貴鄉公紀同。改名在後，此時當作「丘頭」。

〔一二〕謚曰文後改謚宣文　各本皆作「謚曰文貞，後改謚文宣」。考異：「按禮志，魏朝初謚宣帝爲文侯，景帝爲武侯。文王表不宜與二祖同，於是改謚宣文、忠武。然則初謚文，無『貞』字也。禮志及文帝紀並稱舞陽宣文侯，宋書禮志同。此云『文宣』，亦轉寫之誤。」今據改。

晉書卷二

帝紀第二

景帝

景皇帝諱師，字子元，宣帝長子也。雅有風彩，沈毅多大略。少流美譽，與夏侯玄、何晏齊名。晏常稱曰：「惟幾也能成天下之務，司馬子元是也。」魏景初中，拜散騎常侍，累遷中護軍。爲選用之法，舉不越功，吏無私焉。宣穆皇后崩，居喪以至孝聞。

宣帝之將誅曹爽，深謀祕策，獨與帝潛畫，文帝弗之知也，將發夕乃告之。既而使人覘之，帝寢如常，而文帝不能安席。晨會兵司馬門，鎭靜內外，置陣甚整。宣帝曰：「此子竟可也。」初，帝陰養死士三千，散在人間，至是一朝而集，衆莫知所出也。事平，以功封長平鄉侯，食邑千戶，尋加衞將軍。及宣帝薨，議者咸云「伊尹既卒，伊陟嗣事」，天子命帝以撫軍大將軍輔政。

魏嘉平四年春正月，遷大將軍，加侍中，持節、都督中外諸軍、錄尚書事。命百官舉賢才，明少長，卹窮獨，理廢滯。諸葛誕、毌丘儉、王昶、陳泰、胡遵都督四方，王基、州泰、鄧艾、石苞典州郡，盧毓、李豐掌選舉，傅嘏、虞松參計謀，鍾會、夏侯玄、王肅、陳本、孟康、趙酆、張緝預朝議，四海傾注，朝野肅然。或有請改易制度者，帝曰：「『不識不知，順帝之則』，詩人之美也。三祖典制，所宜遵奉；自非軍事，不得妄有改革。」

五年夏五月，吳太傅諸葛恪圍新城，朝議慮其分兵以寇淮泗，欲戍諸水口。帝曰：「諸葛恪新得政於吳，欲徼一時之利，并兵合肥，以冀萬一，不暇復爲青徐患也。且水口非一，多戍則用兵衆，少戍則不足以禦寇。」恪果并力合肥，卒如所度。帝於是使鎮東將軍毌丘儉、揚州刺史文欽等距之。儉、欽請戰，帝曰：「恪卷甲深入，投兵死地，其鋒未易當。且新城小而固，攻之未可拔。」遂命諸將高壘以弊之。相持數月，恪攻城力屈，死傷太半。帝乃敕欽督銳卒趨合楡，要其歸路，儉帥諸將以爲後繼。恪懼而遁，欽逆擊，大破之，斬首萬餘級。

正元元年春正月，天子與中書令李豐、后父光祿大夫張緝、黃門監蘇鑠、永寧署令樂敦、宂從僕射劉賢等謀以太常夏侯玄代帝輔政。〔一〕帝密知之，使舍人王羡以車迎豐。豐見迫，隨羡而至，帝數之。豐知禍及，因肆惡言。帝怒，遣勇士以刀鐶築殺之。逮捕玄、緝等，皆夷三族。

三月，乃諷天子廢皇后張氏，因下詔曰：「姦臣李豐等靖譖庸回，陰構凶慝。大將軍糾虔天刑，致之誅辟。周勃之克呂氏，霍光之擒上官，曷以過之。其增邑九千戶，并前四萬。」帝讓不受。

天子以玄、緝之誅，深不自安。而帝亦慮難作，潛謀廢立，乃密諷魏永寧太后。秋九月甲戌，太后下令曰：「皇帝春秋已長，不親萬機，耽淫內寵，沈嫚女德，日近倡優，縱其醜虐，迎六宮家人留止內房，毀人倫之敍，亂男女之節。又為羣小所迫，將危社稷，不可承奉宗廟。」帝召羣臣會議，流涕曰：「太后令如是，諸君其如王室何？」咸曰：「伊尹放太甲以寧殷，霍光廢昌邑以安漢，權定社稷，以清四海。二代行之於古，明公當之於今，今日之事，惟命是從。」帝曰：「諸君見望者重，安敢避之？」乃與羣公卿士共奏太后曰：「臣聞天子者，所以濟育羣生，永安萬國。皇帝春秋已長，未親萬機，日使小優郭懷、袁信等裸袒淫戲。又於廣望觀下作遼東妖婦，道路行人莫不掩目。清商令令狐景諫帝，帝燒鐵炙之。〔二〕太后遭合陽君喪，帝嬉樂自若。清商丞龐熙諫帝，帝弗聽。太后還北宮，殺張美人，帝甚恚望。熙諫，帝怒，復以彈彈熙。每文書入，帝不省視。太后令帝在式乾殿講學，帝又不從。不可以承天序。臣請依漢霍光故事，收皇帝璽綬，以齊王歸藩。」奏可，於是有司以太牢策告宗廟，王就乘輿副車，羣臣從至西掖門。帝泣曰：「先臣受歷世殊遇，先帝臨崩，託以遺詔。臣復忝重任，不能獻可替否。羣公卿士，遠惟舊典，爲社稷深計，寧負聖躬，使宗廟血食。」於是使使者持節衞送，舍河內之重門，誅郭懷、袁信等。

是日，與羣臣議所立。帝曰：「方今宇宙未清，二虜爭衡，四海之主，惟在賢哲。彭城王據，太祖之子，以賢，則仁聖明允；以年，則皇室之長。天位至重，不得其才，不足以寧濟六合。」乃與羣公奏太后。太后以彭城王先帝諸父，於昭穆之序爲不次，則烈祖之世永無承嗣。東海定王，明帝之弟，欲立其子高貴鄉公髦。帝固爭不獲，乃從太后令，遣使迎高貴鄉公於元城而立之，改元曰正元。天子受璽惰，舉趾高，帝聞而憂之。及將大會，帝訓於天子曰：「夫聖王重始，正本敬初，古人所愼也。明當大會，萬衆瞻穆穆之容，公卿聽玉振之音。詩云：『示人不佻，是則是效。』易曰：『出其言善，則千里之外應之。』雖禮儀周備，猶宜加之以祗恪，以副四海顒顒式仰。」

癸巳，天子詔曰：「朕聞創業之君，必須股肱之臣；守文之主，亦賴匡佐之輔。是故文武以呂召彰受命之功，宣王倚山甫享中興之業。大將軍世載明德，應期作輔。遭天降險，帝室多難，齊王蒞政，不迪率典。公履義執忠，以寧區夏，式是百辟，總齊庶事。內摧寇虐，外靜姦宄，日昃憂勤，劬勞夙夜。德聲光于上下，勳烈施於四方。深惟大議，首建明策，權定社稷，援立朕躬，宗廟獲安，億兆慶賴。伊摯之保乂殷邦，公旦之綏寧周室，蔑以尚焉。朕甚嘉之。夫德茂者位尊，庸大者祿厚，古今之通義也。其登位相國，增邑九千，并前四萬戶；進號大都督、假黃鉞，入朝不趨，奏事不名，劍履上殿；賜錢五百萬，帛五千匹，以彰元勳。」帝固辭相國。

又上書訓于天子曰：「荊山之璞雖美，不琢不成其寶；顏冉之才雖茂，不學不弘其量。仲尼有云：『予非生而知之者，好古敏以求之者也。』仰觀黃軒五代之主，莫不有所稟則，顓頊受學於綠圖，高辛問道於柏招。逮至周成，旦望作輔，故能離經辯志，安道樂業。夫然，故君道明於上，兆庶順於下。刑措之隆，實由於此。宜遵先王下問之義，使講誦之業屢聞於聽，典謨之言日陳於側也。」時天子頗修華飾，帝又諫曰：「履端初政，宜崇玄樸。」并敬納焉。

十一月，有白氣經天。

二年春正月，有彗星見於吳楚之分，西北竟天。

鎮東大將軍毌丘儉、揚州刺史文欽舉兵作亂，矯太后令移檄郡國，爲壇盟于西門之外，各遣子四人質于吳以請救。二月，儉、欽帥衆六萬，渡淮而西。〔三〕帝會公卿謀征討計，朝議多謂可遣諸將擊之，王肅及尚書傅嘏、中書侍郎鍾會勸帝自行。戊午，帝統中軍步騎十餘萬以征之。〔四〕倍道兼行，召三方兵，大會于陳許之郊。

甲申，次于㶏橋，〔五〕儉將史招、李續相次來降。儉、欽移入項城，帝遣荊州刺史王基進據南頓以逼儉。帝深壁高壘，以待東軍之集。諸將請進軍攻其城，帝曰：「諸君得其一，未知其二。淮南將士本無反志。且儉、欽欲蹈縱橫之迹，習儀秦之說，謂遠近必應。而事起之日，淮北不從，史招、李續前後瓦解。內乖外叛，自知必敗，困獸思鬭，速戰更合其志。雖云必克，傷人亦多。且儉等欺誑將士，詭變萬端，小與持久，詐情自露，此不戰而克之也。」乃遣諸葛誕督豫州諸軍自安風向壽春，征東將軍胡遵督青、徐諸軍出譙宋之間，絕其歸路。

帝屯汝陽，遣兗州刺史鄧艾督太山諸軍進屯樂嘉，示弱以誘之。欽進軍將攻艾，帝潛軍銜枚，徑造樂嘉，與欽相遇。欽子鴦，年十八，勇冠三軍，謂欽曰：「及其未定，請登城鼓譟，擊之可破也。」既謀而行，三譟而欽不能應，鴦退，相與引而東。帝謂諸將曰：「欽走矣。」命發銳軍以追之。諸將皆曰：「欽舊將，鴦少而銳，引軍內入，未有失利，必不走也。」帝曰：

「一鼓作氣，再而衰，三而竭。鴦三鼓，欽不應，其勢已屈，不走何待？」欽將遁，鴦曰：「不先折其勢，不得去也。」乃與驍騎十餘摧鋒陷陣，所向皆披靡，遂引去。帝遣左長史司馬璉督驍騎八千翼而追之，〔六〕使將軍樂綝等督步兵繼其後。比至沙陽，頻陷欽陣，弩矢雨下，欽蒙楯而馳。大破其軍，衆皆投戈而降，欽父子與麾下走保項。儉聞欽敗，棄衆宵遁淮南。安風津都尉追儉，斬之，傳首京都。欽遂奔吳，淮南平。

初，帝目有瘤疾，使醫割之。鴦之來攻也，驚而目出。懼六軍之恐，蒙之以被，痛甚，齧被敗而左右莫知焉。閏月疾篤，使文帝總統諸軍。辛亥，崩于許昌，時年四十八。

二月，帝之喪至自許昌，天子素服臨弔，詔曰：「公有濟世寧國之勳，克定禍亂之功，重之以死王事，宜加殊禮。其令公卿議制。」有司議以爲忠安社稷，功濟宇內，宜依霍光故事，追加大司馬之號以冠大將軍，〔七〕增邑五萬戶，謚曰武公。文帝表讓曰：「臣亡父不敢受丞相相國九命之禮，亡兄不敢受相國之位，誠以太祖常所階歷也。今謚與二祖同，必所祗懼。昔蕭何、張良、霍光咸有匡佐之功，何謚文終，良謚文成，光謚宣成。必以文武爲謚，請依何等就加。」詔許之，謚曰忠武。晉國既建，追尊曰景王。武帝受禪，上尊號曰景皇帝，陵曰峻平，廟稱世宗。

文帝

文皇帝諱昭，字子上，景帝之母弟也。魏景初二年，封新城鄉侯。正始初，爲洛陽典農中郎將。值魏明奢侈之後，帝蠲除苛碎，不奪農時，百姓大悅。轉散騎常侍。

大將軍曹爽之伐蜀也，以帝爲征蜀將軍，副夏侯玄出駱谷，次于興勢。蜀將王林夜襲帝營，帝堅臥不動。林退，帝謂玄曰：「費禕以據險距守，進不獲戰，攻之不可，宜亟旋軍，以爲後圖。」爽等引旋，禕果馳兵趣三嶺，爭險乃得過。遂還，拜議郎。及誅曹爽，帥衆衞二宮，以功增邑千戶。

蜀將姜維之寇隴右也，征西將軍郭淮自長安距之。進帝位安西將軍、持節，屯關中，爲諸軍節度。淮攻維別將句安於麴，久而不決。帝乃進據長城，南趣駱谷以疑之。維懼，退保南鄭，安軍絕援，帥衆來降。轉安東將軍、持節，鎭許昌。

及大軍討王淩，帝督淮北諸軍事，帥師會于項。增邑三百戶，假金印紫綬。尋進號都督，統征東將軍胡遵、鎭東將軍諸葛誕伐吳，戰于東關。二軍敗績，坐失侯。

蜀將姜維又寇隴右，揚聲欲攻狄道。以帝行征西將軍，次長安。雍州刺史陳泰欲先賊據狄道，帝曰：「姜維攻羌，收其質任，聚穀作邸閣訖，而復轉行至此，正欲了塞外諸羌，爲後年之資耳。若實向狄道，安肯宣露，令外人知？今揚聲言出，此欲歸也。」維果燒營而去。會新平羌胡叛，帝擊破之，遂耀兵靈州，北虜震讋，叛者悉降。以功復封新城鄉侯。

高貴鄉公之立也，以參定策，進封高都侯，增封二千戶。毌丘儉、文欽之亂，大軍東征，帝兼中領軍，留鎮洛陽。及景帝疾篤，帝自京都省疾，拜衞將軍。景帝崩，天子命帝鎮許昌，尚書傅嘏帥六軍還京師。帝用嘏及鍾會策，自帥軍而還。至洛陽，進位大將軍，加侍中，都督中外諸軍、錄尚書事，輔政，劍履上殿。帝固辭不受。

甘露元年春正月，加大都督，奏事不名。夏六月，進封高都公，地方七百里，加之九錫，假斧鉞，進號大都督，劍履上殿。又固辭不受。秋八月庚申，加假黃鉞，增封三縣。

二年夏五月辛未，鎮東大將軍諸葛誕殺揚州刺史樂綝，以淮南作亂，遣子靚爲質於吳以請救。議者請速伐之，帝曰：「誕以毌丘儉輕疾傾覆，今必外連吳寇，此爲變大而遲。吾當與四方同力，以全勝制之。」乃表曰：「昔黥布叛逆，漢祖親征；隗囂違戾，光武西伐；烈祖明皇帝乘輿仍出：皆所以奮揚赫斯，震耀威武也。陛下宜暫臨戎，使將士得憑天威。今諸軍可五十萬，以衆擊寡，蔑不克矣。」

秋七月，奉天子及皇太后東征，徵兵青、徐、荆、豫，分取關中遊軍，皆會淮北。師次于項，假廷尉何楨節，〔八〕使淮南，宣慰將士，申明逆順，示以誅賞。甲戌，帝進軍丘頭。吳使文欽、唐咨、全端、全懌等三萬餘人來救誕，諸將逆擊，不能禦。將軍李廣臨敵不進，泰山太守常時稱疾不出，並斬之以徇。

八月，吳將朱異帥兵萬餘人，留輜重於都陸，輕兵至黎漿。監軍石苞、兗州刺史州泰禦之，異退。泰山太守胡烈以奇兵襲都陸，焚其糧運。苞、泰復進擊異，大破之。異之餘卒餒甚，食葛葉而遁，吳人殺異。帝曰：「異不得至壽春，非其罪也，而吳人殺之，適以謝壽春而堅誕意，使其猶望救耳。若其不爾，彼當突圍，決一旦之命。或謂大軍不能久，省食減口，冀有他變。料賊之情，不出此三者。今當多方以亂之，備其越逸，此勝計也。」因命合圍，分遣羸疾就穀淮北，廩軍士大豆，人三升。欽聞之，果喜。帝愈羸形以示之，多縱反間，揚言吳救方至。誕等益寬恣食，俄而城中乏糧。石苞、王基並請攻之，帝曰：「誕之逆謀，非一朝一夕也，聚糧完守，外結吳人，自謂足據淮南。欽既同惡相濟，必不便走。今若急攻之，損游軍之力。外寇卒至，表裏受敵，此危道也。今三叛相聚於孤城之中，天其或者將使同戮。吾當以長策縻之，但堅守三面。若賊陸道而來，軍糧必少，吾以游兵輕騎絕其轉輸，可不戰而破外賊。外賊破，欽等必成擒矣。」全懌母，孫權女也，得罪於吳，全端兄子禕及儀奉其母來奔。〔九〕儀兄靜時在壽春，用鍾會計，作禕、儀書以譎靜。靜兄弟五人帥其衆來降，城中大駭。

三年春正月壬寅，誕、欽等出攻長圍，諸軍逆擊，走之。初，誕、欽內不相協，及至窮蹙，轉相疑貳。會欽計事與誕忤，誕手刃殺欽。欽子鴦攻誕，不克，踰城降。以爲將軍，封侯，使鴦巡城而呼。帝見城上持弓者不發，謂諸將曰：「可攻矣！」

二月乙酉，攻而拔之，斬誕，夷三族。吳將唐咨、孫曼、孫彌、徐韶等帥其屬皆降，〔一〇〕表加爵位，廩其餒疾。或言吳兵必不爲用，請坑之。帝曰：「就令亡還，適見中國之弘耳。」於是徙之三河。

夏四月，歸于京師，魏帝命改丘頭曰武丘，以旌武功。

五月，天子以并州之太原上黨西河樂平新興雁門、司州之河東平陽八郡，地方七百里，封帝爲晉公，加九錫，進位相國，晉國置官司焉。九讓，乃止。於是增邑萬戶，食三縣，諸子之無爵者皆封列侯。

秋七月，奏錄先世名臣元功大勳之子孫，隨才敍用。

四年夏六月，分荆州置二都督，王基鎮新野，州泰鎮襄陽。使石苞都督揚州，陳騫都督豫州，鍾毓都督徐州，宋鈞監青州諸軍事。

景元元年夏四月，天子復命帝爵秩如前，又讓不受。天子既以帝三世宰輔，政非己出，情不能安，又慮廢辱，將臨軒召百僚而行放黜。

五月戊子夜，使冗從僕射李昭等發甲於陵雲臺，召侍中王沈、散騎常侍王業、尚書王經，出懷中黃素詔示之，戒嚴俟旦。沈、業馳告于帝，帝召護軍賈充等爲之備。〔一〕天子知事泄，帥左右攻相府，稱有所討，敢有動者族誅。相府兵將止不敢戰，賈充叱諸將曰：「公畜養汝輩，正爲今日耳！」太子舍人成濟抽戈犯蹕，刺之，刃出於背，天子崩于車中。

帝召百僚謀其故，僕射陳泰不至。帝遣其舅荀顗與致之，延於曲室，謂曰：「玄伯，天下其如我何？」泰曰：「惟腰斬賈充，微以謝天下。」帝曰：「卿更思其次。」泰曰：「但見其上，不見其次。」於是歸罪成濟而斬之。太后令曰：「昔漢昌邑王以罪廢爲庶人，此兒亦宜以庶人禮葬之，使外內咸知其所行也。」殺尚書王經，貳於我也。

戊申，〔二〕帝奏曰：「故高貴鄉公帥從駕人兵，拔刃鳴鼓向臣所，臣懼兵刃相接，卽敕將士不得有所傷害，違令者以軍法從事。騎督成倅弟太子舍人濟入兵陣，傷公至隕。臣聞人臣之節，有死無貳，事上之義，不敢逃難。前者變故卒至，禍同發機，誠欲委身守死，惟命所裁。然惟本謀，乃欲上危皇太后，傾覆宗廟。臣忝當元輔，義在安國，卽駱驛申敕，不得迫近輿輦。而濟妄入陣間，以致大變，哀怛痛恨，五內摧裂。濟干國亂紀，罪不容誅，輒收濟家屬，付廷尉。」太后從之，夷濟三族。與公卿議，立燕王宇之子常道鄉公璜爲帝。

六月，改元。丙辰，天子進帝爲相國，封晉公，增十郡，加九錫如初，羣從子弟未侯者封亭侯，賜錢千萬，帛萬匹。固讓，乃止。

冬十一月，吳吉陽督蕭愼以書詣鎭東將軍石苞僞降，求迎。帝知其詐也，使苞外示迎之，而內爲之備。

二年秋八月甲寅，〔一三〕天子使太尉高柔授帝相國印綬，司空鄭沖致晉公茅土九錫，〔一四〕固辭。

三年夏四月，肅愼來獻楛矢、石砮、弓甲、貂皮等，天子命歸於大將軍府。

四年春二月丁丑，天子復命帝如前，又固讓。

三月，詔大將軍府增置司馬一人，從事中郎二人，舍人十人。

夏，帝將伐蜀，乃謀衆曰：「自定壽春已來，息役六年，治兵繕甲，以擬二虜。略計取吳，作戰船，通水道，當用千餘萬功，此十萬人百數十日事也。又南土下溼，必生疾疫。今宜先取蜀，三年之後，因巴蜀順流之勢，水陸並進，此滅虞定虢，吞韓并魏之勢也。計蜀戰士九萬，居守成都及備他郡不下四萬，然則餘衆不過五萬。今絆姜維於沓中，使不得東顧，直指駱谷，出其空虛之地，以襲漢中。彼若嬰城守險，兵勢必散，首尾離絕。舉大衆以屠城，散銳卒以略野，劍閣不暇守險，關頭不能自存。以劉禪之闇，而邊城外破，士女內震，其亡可知也。」征西將軍鄧艾以爲未有釁，屢陳異議。帝患之，使主簿師纂爲艾司馬以喻之，艾乃奉命。於是徵四方之兵十八萬，使鄧艾自狄道攻姜維於沓中，雍州刺史諸葛緒自祁山軍于武街，絕維歸路，鎮西將軍鍾會帥前將軍李輔、征蜀護軍胡烈等自駱谷襲漢中。

秋八月，軍發洛陽，大賚將士，陳師誓衆。將軍鄧敦謂蜀未可討，帝斬以徇。

九月，又使天水太守王頎攻維營，隴西太守牽弘邀其前，金城太守楊欣趣甘松。鍾會分爲二隊，入自斜谷，使李輔圍王含於樂城，又使部將易愷攻蔣斌於漢城。會直指陽安，護軍胡烈攻陷關城。姜維聞之，引還，王頎追敗維於彊川。維與張翼、廖化合軍守劍閣，鍾會攻之。

冬十月，天子以諸侯獻捷交至，乃申前命曰：

朕以寡德，獲承天序，嗣我祖宗之洪烈。遭家多難，不明於訓。曩者姦逆屢興，方寇內侮，大懼淪喪四海，以隳三祖之弘業。

惟公經德履哲，明允廣深，迪宣武文，世作保傅，以輔乂皇家。櫛風沐雨，周旋征伐，劬勞王室，二十有餘載。毗翼前人，仍斷大政，克厭不端，維安社稷。暨儉、欽之亂，公綏援有衆，分命興師，統紀有方，用緝寧淮浦。其後巴蜀屢侵，西土不靖，公奇畫指授，制勝千里。是以段谷之戰，乘釁大捷，斬將搴旗，效首萬計。孫峻猾夏，致寇徐方，戎車首路，威靈先邁，黃鉞未啓，鯨鯢竄迹。孫壹搆隙，自相疑阻，幽鑒遠照，奇策洞微，遠人歸命，作藩南夏，爰授銳卒，畢力戎行。暨諸葛誕滔天作逆，稱兵揚楚，欽、咨逋罪，同惡相濟，帥其蜂賊，以入壽春，憑阻淮山，敢距王命。公躬擐甲冑，龔行天罰，玄謀廟算，遵養時晦。奇兵震擊，而朱異摧破；神變應機，而全琮稽服；取亂攻昧，而高墉不守。兼九伐之弘略，究五兵之正度。用能戰不窮武，而大敵殲潰；旗不再麾，而元憝授首。收勍吳之雋臣，係亡命之逋虜。交臂屈膝，委命下吏，俘馘十萬，積尸成京。雪宗廟之滯恥，拯兆庶之艱難。埽平區域，信威吳會，遂戢干戈，靖我疆土，天地鬼神，罔不獲乂。乃者王室之難，變起蕭牆，賴公之靈，弘濟艱險。宗廟危而獲安，社稷墜而復寧。忠格皇天，功濟六合。是用疇咨古訓，稽諸典籍，命公崇位相國，加于羣后，啓土參墟，封以晉域。所以方軌齊魯，翰屏帝室。而公遠蹈謙遜，深履沖讓，固辭策命，至于八九。朕重違讓德，抑禮虧制，以彰公志，于今四載。上闕在昔建侯之典，下違兆庶具瞻之望。

惟公嚴虔王度，闡濟大猷，敦尚純樸，省繇節用，務穡勸分，九野康乂。耆叟荷崇養之德，鰥寡蒙矜卹之施，仁風興於中夏，流澤布於遐荒。是以東夷西戎，南蠻北狄，狂狡貪悍，世爲寇讎者，皆感義懷惠，款塞內附，或委命納貢，或求置官司。九服之外，絕域之氓，曠世所希至者，咸浮海來享，鼓舞王德，前後至者八百七十餘萬口。海隅幽裔，無思不服；雖西旅遠貢，越裳九譯，義無以踰。維翼朕躬，下匡萬國，思靖殊方，寧濟八極。以庸蜀未賓，蠻荆作猾，潛謀獨斷，整軍經武。簡練將帥，授以成策，始踐賊境，應時摧陷。狂狡奔北，首尾震潰，禽其戎帥，屠其城邑。巴漢震疊，江源雲徹，地平天成，誠在斯舉。公有濟六合之勳，加以茂德，實總百揆，允釐庶政。敦五品以崇仁，恢六典以敷訓。而靖恭夙夜，勞謙昧旦，雖尚父之左右文武，周公之勤勞王家，罔以加焉。

昔先王選建明德，光啓諸侯，體國經野，方制五等。所以藩翼王畿，垂祚百世也。故齊魯之封，於周爲弘，山川土田，邦畿七百，官司典策，制殊羣后。惠襄之難，桓文以翼戴之勞，猶受錫命之禮，咸用光疇大德，作範于後。惟公功邁於前烈，而賞闕於舊式，百辟於邑，人神同恨焉，豈可以公謙沖而久淹弘典哉？今以并州之太原上黨西河樂平新興鴈門、司州之河東平陽弘農、雍州之馮翊凡十郡，南至於華，北至於陘，東至於壺口，西踰於河，提封之數，方七百里，皆晉之故壤，唐叔受之，世作盟主，實紀綱諸夏，用率舊職。爰胙茲土，封公爲晉公。命使持節、兼司徒、司隸校尉陔即授印綬策書，金獸符第一至第五，竹使符第一至第十。錫茲玄土，苴以白茅，建爾國家，以永藩魏室。

昔在周召，并以公侯，入作保傅。其在近代，酇侯蕭何，實以相國，光尹漢朝。隨時之制，禮亦宜之。今進公位爲相國，加綠綟綬。又加公九錫，其敬聽後命。以公思弘大猷，崇正典禮，儀刑作範，旁訓四方，是用錫公大輅、戎輅各一，玄牡二駟。公道和陰陽，敬授人時，嗇夫反本，農殖維豐，是用錫公衮冕之服，赤舃副焉。公光敷顯德，惠下以和，敬信思順，庶尹允諧，是用錫公軒縣之樂、六佾之舞。公鎭靖宇宙，翼播聲教，海外懷服，荒裔款附，殊方馳義，諸夏順軌，是用錫公朱戶以居。公簡賢料材，營求俊逸，爰升多士，寘彼周行，是用錫公納陛以登。公嚴恭寅畏，底平四國，式遏寇虐，苛慝不作，是用錫公武賁之士三百人。公明愼用刑，簡恤大中，章厥天威，以糾不虔，是用錫公鈇鉞各一。公爰整六軍，典司征伐，犯命陵正，乃維誅殛，是用錫公彤弓一、彤矢百，旅弓十、旅矢千。公饗祀蒸蒸，孝思維則，篤誠之至，通于神明，是用錫公秬鬯一卣，珪瓚副焉。晉國置官司以下，率由舊式。

往欽哉！祗服朕命，弘敷訓典，光澤庶方，永終爾明德，丕顯余一人之休命。

公卿將校皆詣府喩旨，帝以禮辭讓。

司空鄭沖率羣官勸進曰：「伏見嘉命顯至，竊聞明公固讓，沖等眷眷，實有愚心。以爲聖王作制，百代同風，褒德賞功，有自來矣。昔伊尹，有莘氏之媵臣耳，一佐成湯，遂荷阿衡之號。周公藉已成之勢，據既安之業，光宅曲阜，奄有龜蒙。呂尙，磻溪之漁者也，一朝指麾，乃封營丘。自是以來，功薄而賞厚者，不可勝數，然賢哲之士，猶以爲美談。況自先相國以來，世有明德，翼輔魏室，以綏天下，朝無秕政，人無謗言。前者明公西征靈州，北臨沙漠，榆中以西，望風震服，羌戎來馳，迴首內向，東誅叛逆，全軍獨克。禽闔閭之將，虜輕銳之卒以萬萬計，威加南海，名懾三越，宇內康寧，苛慝不作。是以時俗畏懷，東夷獻舞。故聖上覽乃昔以來禮典舊章，開國光宅，顯茲太原。明公宜承奉聖旨，受茲介福，允當天人。

元功盛勳，光光如彼；國土嘉祚，巍巍如此。內外協同，靡愆靡違。由斯征伐，則可朝服濟江，掃除吳會，西塞江源，望祀岷山。迴戈弭節，以麾天下，遠無不服，邇無不肅。令大魏之德，光于唐虞；明公盛勳，超於桓文。然後臨滄海而謝文伯，登箕山而揖許由，豈不盛乎！至公至平，誰與爲鄰，何必勤勤小讓也哉。」帝乃受命。

十一月，鄧艾帥萬餘人自陰平踰絕險至江由，破蜀將諸葛瞻於緜竹，斬瞻，傳首。進軍雒縣，劉禪降。天子命晉公以相國總百揆，於是上節傳，去侍中、大都督、錄尚書之號焉。表鄧艾爲太尉，鍾會爲司徒。會潛謀叛逆，因密使譖艾。

咸熙元年春正月，檻車徵艾。乙丑，帝奉天子西征，次于長安。是時魏諸王侯悉在鄴城，命從事中郎山濤行軍司事，鎮於鄴，遣護軍賈充持節、督諸軍，據漢中。鍾會遂反於蜀，監軍衞瓘、右將軍胡烈攻會，斬之。

初，會之伐蜀也，西曹屬邵悌言於帝曰：「鍾會難信，不可令行。」帝笑曰：「取蜀如指掌，而衆人皆言不可，唯會與吾意同。滅蜀之後，中國將士，人自思歸，蜀之遺黎，猶懷震恐，縱有異志，無能爲也。」卒如所量。

丙辰，〔一五〕帝至自長安。

三月己卯，進帝爵爲王，增封并前二十郡。

夏五月癸未，天子追加舞陽宣文侯爲晉宣王，舞陽忠武侯爲晉景王。

秋七月，帝奏司空荀顗定禮儀，中護軍賈充正法律，尚書僕射裴秀議官制，太保鄭沖總而裁焉。始建五等爵。

冬十月丁亥，奏遣吳人相國參軍徐劭、散騎常侍水曹屬孫彧使吳，〔一六〕喻孫皓以平蜀之事，致馬錦等物，以示威懷。丙午，天子命中撫軍新昌鄉侯炎爲晉世子。

二年春二月甲辰，朐䏰縣獻靈龜，歸於相府。

夏四月，孫皓使紀陟來聘，且獻方物。

五月，天子命帝冕十有二旒，建天子旌旗，出警入蹕，乘金根車，駕六馬，備五時副車，置旄頭雲罕，樂舞八佾，設鍾虡宮懸，位在燕王上。進王妃爲王后，世子爲太子，王女王孫爵命之號皆如帝者之儀。諸禁網煩苛及法式不便於時者，帝皆奏除之。晉國置御史大夫、侍中、常侍、尚書、中領軍、衞將軍官。

秋八月辛卯，帝崩于露寢，時年五十五。

九月癸酉，葬崇陽陵，謚曰文王。武帝受禪，追尊號曰文皇帝，廟稱太祖。

史臣曰：世宗以叡略創基，太祖以雄才成務。事殷之跡空存，翦商之志彌遠，三分天下，功業在焉。及踰劍銷氛，浮淮靜亂，桐宮胥怨，或所不堪。若乃體以名臣，格之端揆，周公流連於此歲，魏武得意於茲日。軒懸之樂，大啓南陽，師摯之圖，〔一七〕於焉北面。壯矣哉，包舉天人者也！爲帝之主，不亦難乎。

贊曰：世宗繼文，邦權未分。三千之士，其從如雲。太祖無外，〔一八〕靈關靜氛。反雖討賊，終爲弒君。

校勘記

〔一〕劉寶賢　魏志夏侯玄傳、通鑑七六皆作「劉賢」。

〔二〕帝燒鐵灸之　殿本、金陵書局本以下簡稱局本「灸」作「炙」，今從商務印書館影印百衲本晉書以下簡稱宋本、毛晉汲古閣本以下簡稱毛本。按：後漢書光武紀「敢灸灼奴婢論如律」，作「灸」義長。

〔三〕二月儉欽帥衆六萬渡淮而西　魏志高貴鄉公紀稱，儉、欽起兵在二年正月十二日乙丑，魏志毌丘儉傳注引欽與郭淮書云：「小人以閏月十六日別進兵，就於樂嘉城討師。」高貴鄉公紀謂閏月己亥破欽於樂嘉，甲辰斬儉首。按：是年閏正月，己亥爲閏正月十六日，甲辰爲二十一日，儉、欽起兵及事敗皆在二月以前。此繫於二月，恐誤。

〔四〕戊午帝統中軍步騎十餘萬以征之　按：「戊午」爲二月初六，時欽、儉已敗。沈家本三國志瑣言謂「戊午」爲「戊寅」之誤。欽、儉以正月十二日起兵，司馬師以正月二十五日戊寅出征，其說當是。此繫於「二月」下非，日干亦誤。

〔五〕甲申次于灑橋　甲申爲閏正月初一。次於灑橋與司馬師之死，皆閏月間事。下文「閏月」二字當冠在「甲申」上，通鑑七六可證。

〔六〕司馬璉　通鑑七六作「司馬班」。

〔七〕追加大司馬之號以冠大將軍　「冠」下原有「軍」字。李慈銘晉書札記以下簡稱李校：「『冠』字下『軍』字衍。」今據删。

〔八〕何楨　本書何充傳及魏志齊王芳紀引魏書皆作「何禎」。參見卷七七校勘記，下卷不再出校。

〔九〕全端兄子禕　魏志鍾會傳、通鑑七七「禕」皆作「輝」。下同。

〔一〇〕徐韶　三國志無「徐韶」。魏志陳留王紀、吳志孫晧傳有「徐紹」，係「吳壽春降將」，通鑑七八同。本卷下文又作「劭」，「韶」、「紹」、「劭」當是一人。

〔一一〕護軍賈充　賈充官銜，本書武紀、充本傳，魏志高貴鄉公紀注引漢晉春秋、賈逵傳、鍾會傳並通鑑七八皆作「中護軍」。此疑脫「中」字，下同。

〔一二〕戊申　「戊申」，各本皆作「庚寅」。斠注：「魏志三少帝紀『庚寅』作『戊申』。庚寅則奏葬高貴鄉公，非此文，紀誤。」今據改。

〔一三〕八月甲寅　八月丙子朔，無甲寅。

〔一四〕司空鄭沖　據魏志高貴鄉公紀，甘露元年鄭沖已由司空改官司徒，此仍作司空，恐誤，下同。

〔一五〕丙辰　正月壬戌朔，無丙辰。通鑑七八作二月丙辰。

〔一六〕相國參軍徐劭散騎常侍水曹屬孫彧　「徐劭」異文已見前條。「孫彧」，本書孫楚傳作「孫郁」。又魏志陳留王紀以紹兼散騎常侍，彧兼給事黄門侍郎，官名亦不合。

〔一七〕師摯之圖　盧文弨羣書拾補以下簡稱拾補：「圖」疑「徒」。

〔一八〕太祖無外　「太」，各本作「世」。王鳴盛十七史商榷以下簡稱商榷：「晉武帝受禪，號師世宗，昭太祖，『世祖』當作『太祖』。」今據改。

晉書卷三

帝紀第三

武帝

武皇帝諱炎，字安世，文帝長子也。寬惠仁厚，沈深有度量。魏嘉平中，封北平亭侯，歷給事中、奉車都尉、中壘將軍，加散騎常侍，累遷中護軍、假節。迎常道鄉公於東武陽，遷中撫軍，進封新昌鄉侯。及晉國建，立爲世子，拜撫軍大將軍，開府、副貳相國。

初，文帝以景帝旣宣帝之嫡，早世無後，以帝弟攸爲嗣，特加愛異，自謂攝居相位，百年之後，大業宜歸攸。每曰：「此景王之天下也，吾何與焉。」將議立世子，屬意於攸。何曾等固爭曰：「中撫軍聰明神武，有超世之才。髮委地，手過膝，此非人臣之相也。」由是遂定。咸熙二年五月，立爲晉王太子。

八月辛卯，文帝崩，太子嗣相國、晉王位。下令寬刑宥罪，撫衆息役，國內行服三日。

是月，長人見於襄武，長三丈，告縣人王始曰：「今當太平。」

九月戊午，以魏司徒何曾爲丞相，鎮南將軍王沈爲御史大夫，中護軍賈充爲衞將軍，議郎裴秀爲尚書令、光祿大夫，皆開府。

十一月，初置四護軍，以統城外諸軍。乙未，令諸郡中正以六條舉淹滯：一曰忠恪匪躬，二曰孝敬盡禮，三曰友于兄弟，四曰潔身勞謙，五曰信義可復，六曰學以爲己。是時晉德既洽，四海宅心。於是天子知曆數有在，乃使太保鄭沖奉策曰：「咨爾晉王：我皇祖有虞氏誕膺靈運，受終于陶唐，亦以命于有夏。惟三后陟配于天，而咸用光敷聖德。自茲厥後，天又輯大命于漢。火德既衰，乃眷命我高祖。方軌虞夏四代之明顯，我不敢知。惟王乃祖乃父，服膺明哲，輔亮我皇家，勳德光于四海。格爾上下神祇，罔不克順，地平天成，萬邦以乂。應受上帝之命，協皇極之中。肆予一人，祗承天序，以敬授爾位，曆數實在爾躬。允執其中，天祿永終。於戲！王其欽順天命。率循訓典，底綏四國，用保天休，無替我二皇之弘烈。」帝初以禮讓，魏朝公卿何曾、王沈等固請，乃從之。

泰始元年冬十二月丙寅，設壇于南郊，百僚在位及匈奴南單于四夷會者數萬人，柴燎告類于上帝曰：「皇帝臣炎敢用玄牡明告于皇皇后帝：魏帝稽協皇運，紹天明命以命炎。昔者唐堯，熙隆大道，禪位虞舜，舜又以禪禹，邁德垂訓，多歷年載。暨漢德既衰，太祖武皇帝撥亂濟時，扶翼劉氏，又用受命于漢。粤在魏室，仍世多故，幾於顚墜，實賴有晉匡拯之德，用獲保厥肆祀，弘濟于艱難，此則晉之有大造于魏也。誕惟四方，罔不祗順，廓清梁岷，包懷揚越，八紘同軌，祥瑞屢臻，天人協應，無思不服。肆予憲章三后，用集大命于茲。炎維德不嗣，辭不獲命。於是羣公卿士，百辟庶僚，黎獻陪隸，暨于百蠻君長，僉曰：『皇天鑒下，求人之瘼，既有成命，固非克讓所得距違。天序不可以無統，人神不可以曠主。』炎虔奉皇運，寅畏天威，敬簡元辰，升壇受禪，告類上帝，永答衆望。」禮畢，卽洛陽宮幸太極前殿，詔曰：「昔朕皇祖宣王，聖哲欽明，誕應期運，熙帝之載，肇啓洪基。伯考景王，履道宣猷，緝熙諸夏。至于皇考文王，叡哲光遠，允協靈祇，應天順時，受茲明命。仁濟于宇宙，功格于上下。肆魏氏弘鑒于古訓，儀刑于唐虞，疇咨羣后，爰輯大命于朕身。予一人畏天之命，用不敢違。惟朕寡德，負荷洪烈，託于王公之上，以君臨四海，惴惴惟懼，罔知所濟。惟爾股肱爪牙之佐，文武不貳之臣，乃祖乃父，實左右我先王，光隆我大業。思與萬國，共享休祚。」於是大赦，改元。賜天下爵，人五級；鰥寡孤獨不能自存者穀，人五斛。復天下租賦及關市之稅一年，逋債宿負皆勿收。除舊嫌，解禁錮，亡官失爵者悉復之。

丁卯，遣太僕劉原告于太廟。封魏帝爲陳留王，邑萬戶，居於鄴宮；魏氏諸王皆爲縣侯。追尊宣王爲宣皇帝，景王爲景皇帝，文王爲文皇帝，宣王妃張氏爲宣穆皇后。尊太妃王氏曰皇太后，宮曰崇化。封皇叔祖父孚爲安平王，皇叔父幹爲平原王，亮爲扶風王，伷爲東莞王，駿爲汝陰王，肜爲梁王，倫爲琅邪王，皇弟攸爲齊王，鑒爲樂安王，機爲燕王，〔一〕皇從伯父望爲義陽王，皇從叔父輔爲渤海王，晃爲下邳王，瓌爲太原王，珪爲高陽王，衡爲常山王，子文爲沛王，〔二〕泰爲隴西王，權爲彭城王，綏爲范陽王，遂爲濟南王，遜爲譙王，睦爲中山王，陵爲北海王，斌爲陳王，皇從父兄洪爲河間王，皇從父弟楙爲東平王。以驃騎將軍石苞爲大司馬，封樂陵公，車騎將軍陳騫爲高平公，衞將軍賈充爲車騎將軍、魯公，尚書令裴秀爲鉅鹿公，侍中荀勖爲濟北公，太保鄭沖爲太傅、壽光公，太尉王祥爲太保、睢陵公，丞相何曾爲太尉、朗陵公，御史大夫王沈爲驃騎將軍、博陵公，司空荀顗爲臨淮公，鎭北大將軍衞瓘爲菑陽公。其餘增封進爵各有差，文武普增位二等。改景初曆爲泰始曆，臘以酉，社以丑。

戊辰，下詔大弘儉約，出御府珠玉玩好之物，頒賜王公以下各有差。置中軍將軍，以統宿衞七軍。

己巳，詔陳留王載天子旌旗，備五時副車，行魏正朔，郊祀天地，禮樂制度皆如魏舊，上書不稱臣。賜山陽公劉康、安樂公劉禪子弟一人爲駙馬都尉。乙亥，以安平王孚爲太宰、假黃鉞、大都督中外諸軍事。詔曰：「昔王淩謀廢齊王，而王竟不足以守位。鄧艾雖矜功失節，然束手受罪。今大赦其家，還使立後。興滅繼絕，約法省刑。除魏氏宗室禁錮。諸將吏遭三年喪者，遣寧終喪。百姓復其傜役。罷部曲將長吏以下質任。省郡國御調，禁樂府靡麗百戲之伎及雕文游畋之具。開直言之路，置諫官以掌之。」

是月，鳳皇六、青龍三、白龍二、麒麟各一見于郡國。

二年春正月丙戌，遣兼侍中侯史光等持節四方，循省風俗，除禳祝之不在祀典者。丁亥，有司請建七廟，帝重其役，不許。庚寅，罷雞鳴歌。辛丑，尊景皇帝夫人羊氏曰景皇后，宮曰弘訓。丙午，立皇后楊氏。

二月，除漢宗室禁錮。己未，常山王衡薨。詔曰：「五等之封，皆錄舊勳。本爲縣侯者傳封次子爲亭侯，鄉侯爲關內侯，〔三〕亭侯爲關中侯，皆食本戶十分之一。」丁丑，〔四〕郊祀宣皇帝以配天，宗祀文皇帝於明堂以配上帝。庚午，詔曰：「古者百官，官箴王闕。然保氏特以諫諍爲職，今之侍中、常侍實處此位。擇其能正色弼違匡救不逮者，以兼此選。」

三月戊戌，吳人來弔祭，有司奏爲答詔。帝曰：「昔漢文、光武懷撫尉他、公孫述，皆未正君臣之儀，所以羈縻未賓也。皓遣使之始，未知國慶，但以書答之。」

夏五月戊辰，詔曰：「陳留王操尚謙沖，每事輒表，非所以優崇之也。主者喻意，非大事皆使王官表上之。」壬子，〔三〕驃騎將軍博陵公王沈卒。

六月壬申，濟南王遂薨。

秋七月辛巳，營太廟，致荆山之木，采華山之石；鑄銅柱十二，塗以黃金，鏤以百物，綴以明珠。戊戌，譙王遜薨。丙午晦，日有蝕之。

八月丙辰，省右將軍官。

初，帝雖從漢魏之制，既葬除服，而深衣素冠，降席撤膳，哀敬如喪者。戊辰，有司奏改服進膳，不許，遂禮終而後復吉。及太后之喪，亦如之。九月乙未，散騎常侍皇甫陶、傅玄領諫官，上書諫諍，有司奏請寢之。詔曰：「凡關言人主，人臣所至難，而苦不能聽納，自古忠臣直士之所慷慨也。每陳事出付主者，多從深刻，乃云恩貸當由主上，是何言乎？其詳評議。」

戊戌，有司奏：「大晉繼三皇之蹤，蹈舜禹之跡，應天順時，受禪有魏，宜一用前代正朔服色，皆如虞遵唐故事。」奏可。

冬十月丙午朔，日有蝕之。丁未，詔曰：「昔舜葬蒼梧，農不易畝；禹葬成紀，市不改肆。上惟祖考淸簡之旨，所徙陵十里內居人，動爲煩擾，一切停之。」

十一月己卯，倭人來獻方物。并圜丘、方丘於南、北郊，二至之祀合於二郊。罷山陽公國督軍，除其禁制。己丑，追尊景帝夫人夏侯氏爲景懷皇后。辛卯，遷祖禰神主于太廟。

十二月，罷農官爲郡縣。

是歲，鳳皇六、青龍十、黃龍九、麒麟各一見于郡國。

三年春正月癸丑，白龍二見于弘農澠池。

丁卯，〔六〕立皇子衷爲皇太子。詔曰：「朕以不德，託于四海之上，兢兢祗畏，懼無以康濟寓內，思與天下式明王度，正本清源，於置胤樹嫡，非所先務。又近世每建太子，寬宥施惠之事，間不獲已，順從王公卿士之議耳。方今世運垂平，將陳之以德義，示之以好惡，使百姓蠲多幸之慮，篤終始之行，曲惠小仁，故無取焉。咸使知聞。」

三月戊寅，初令二千石得終三年喪。丁未，〔七〕晝昏。罷武衞將軍官。以李憙爲太子太傅。太山石崩。

夏四月戊午，張掖太守焦勝上言，氐池縣大柳谷口有玄石一所，白畫成文，實大晉之休祥，圖之以獻。詔以制幣告于太廟，藏之天府。

秋八月，罷都護將軍，以其五署還光祿勳。

九月甲申，詔曰：「古者以德詔爵，以庸制祿，雖下士猶食上農，外足以奉公忘私，內足以養親施惠。今在位者祿不代耕，非所以崇化之本也。其議增吏俸。」賜王公以下帛各有差。以太尉何曾爲太保，義陽王望爲太尉，司空荀顗爲司徒。

冬十月，聽士卒遭父母喪者，非在疆埸，皆得奔赴。

十二月，徙宗聖侯孔震爲奉聖亭侯。山陽公劉康來朝。禁星氣讖緯之學。

四年春正月辛未，以尚書令裴秀爲司空。

丙戌，律令成，封爵賜帛各有差。有星孛于軫。丁亥，帝耕於藉田。戊子，詔曰：「古設象刑而衆不犯，今雖參夷而姦不絕，何德刑相去之遠哉！先帝深愍黎元，哀矜庶獄，乃命羣后，考正典刑。朕守遺業，永惟保乂皇基，思與萬國以無爲爲政。方今陽春養物，東作始興，朕親率王公卿士耕藉田千畝。又律令既就，班之天下，將以簡法務本，惠育海內。宜寬有罪，使得自新，其大赦天下。長吏、郡丞、長史各賜馬一匹。」

二月庚子，增置山陽公國相、郎中令、陵令、雜工宰人、鼓吹車馬各有差。罷中軍將軍，置北軍中候官。甲寅，以東海劉倫有至行，拜爲郎。以中軍將軍羊祜爲尚書左僕射，東莞王伷爲尚書右僕射。

三月戊子，皇太后王氏崩。

夏四月戊戌，太保、睢陵公王祥薨。己亥，祔葬文明皇后王氏於崇陽陵。罷振威、揚威護軍官，置左右積弩將軍。

六月丙申朔，〔八〕詔曰：「郡國守相，三載一巡行屬縣，必以春，此古者所以述職宣風展義也。見長吏，觀風俗，協禮律，考度量，存問耆老，親見百年。錄囚徒，理冤枉，詳察政刑得失，知百姓所患苦。無有遠近，便若朕親臨之。敦喻五教，勸務農功，勉勵學者，思勤正典，無爲百家庸末，致遠必泥。士庶有好學篤道，孝弟忠信，清白異行者，舉而進之；有不孝敬於父母，不長悌於族黨，悖禮棄常，不率法令者，糾而罪之。田疇闢，生業修，禮教設，禁令行，則長吏之能也。人窮匱，農事荒，姦盜起，刑獄煩，下陵上替，禮義不興，斯長吏之否也。若長吏在官公廉，慮不及私，正色直節，不飾名譽者，及身行貪穢，諂黷求容，公節不立，而私門日富者，並謹察之。揚清激濁，舉善彈違，此朕所以垂拱總綱，責成於良二千石也。於戲戒哉！」

秋七月，太山石崩，衆星西流。戊午，〔九〕遣使者侯史光循行天下。己卯，謁崇陽陵。

九月，青、徐、兗、豫四州大水，伊洛溢，合於河，開倉以振之。詔曰：「雖詔有所欲，及奏得可而於事不便者，皆不可隱情。」

冬十月，吳將施績入江夏，萬郁寇襄陽。〔一〇〕遣太尉義陽王望屯龍陂。荆州刺史胡烈擊敗郁。吳將顧容寇鬱林，太守毛炅大破之，斬其交州刺史劉俊、將軍修則。

十一月，吳將丁奉等出芍陂，安東將軍汝陰王駿與義陽王望擊走之。己未，詔王公卿尹及郡國守相，舉賢良方正直言之士。

十二月，班五條詔書於郡國：一曰正身，二曰勤百姓，三曰撫孤寡，四曰敦本息末，五曰去人事。庚寅，帝臨聽訟觀，錄廷尉洛陽獄囚，親平決焉。扶南、林邑各遣使來獻。

五年春正月癸巳，申戒郡國計吏守相令長，務盡地利，禁游食商販。丙申，帝臨聽訟觀錄囚徒，多所原遣。青龍二見於滎陽。

二月，以雍州隴右五郡及涼州之金城、梁州之陰平置秦州。〔一一〕辛巳，白龍二見於趙國。青、徐、兗三州水，遣使振恤之。壬寅，以尚書左僕射羊祜都督荆州諸軍事，征東大將軍衞瓘都督青州諸軍事，東莞王伷鎭東大將軍、都督徐州諸軍事。丁亥，詔曰：「古者歲書羣吏之能否，三年而誅賞之。諸令史前後，但簡遺疏劣，而無有勸進，非黜陟之謂也。其條勤能有稱尤異者，歲以爲常。吾將議其功勞。」己未，〔一二〕詔蜀相諸葛亮孫京隨才署吏。

夏四月，地震。

五月辛卯朔，鳳皇見于趙國。曲赦交趾、九眞、日南五歲刑。

六月，鄴奚官督郭廙上疏陳五事以諫，言甚切直，擢爲屯留令。西平人麹路伐登聞鼓，言多祆謗，有司奏棄市。帝曰：「朕之過也。」捨而不問。罷鎭軍將軍，復置左右將軍官。

秋七月，延羣公，詢讜言。

九月，有星孛于紫宮。

冬十月丙子，以汲郡太守王宏有政績，賜穀千斛。

十一月，追封謚皇弟兆爲城陽哀王，以皇子景度嗣。

十二月，詔州郡舉勇猛秀異之才。

六年春正月丁亥朔，帝臨軒，不設樂。吳將丁奉入渦口，揚州刺史牽弘擊走之。

三月，赦五歲刑已下。

夏四月，白龍二見於東莞。

五月，立壽安亭侯承爲南宮王。

六月戊午，秦州刺史胡烈擊叛虜於萬斛堆，力戰，死之。詔遣尚書石鑒行安西將軍、都督秦州諸軍事，與奮威護軍田章討之。

秋七月丁酉，復隴右五郡遇寇害者租賦，不能自存者廩貸之。乙巳，城陽王景度薨。詔曰：「自泰始以來，大事皆撰錄，祕書寫副。後有其事，輒宜綴集以爲常。」丁未，以汝陰王駿爲鎮西大將軍、都督雍涼二州諸軍事。

九月，大宛獻汗血馬，焉耆來貢方物。

冬十一月，幸辟雍，行鄉飲酒之禮，賜太常博士、學生帛牛酒各有差。立皇子柬爲汝南王。

十二月，吳夏口督、前將軍孫秀帥衆來奔，拜驃騎將軍、開府儀同三司，封會稽公。戊辰，復置鎮軍官。

七年春正月丙午，皇太子冠，賜王公以下帛各有差。匈奴帥劉猛叛出塞。

三月，孫晧帥衆趨壽陽，遣大司馬望屯淮北以距之。丙戌，〔一三〕司空、鉅鹿公裴秀薨。癸巳，以中護軍王業爲尚書左僕射，高陽王珪爲尚書右僕射。孫秀部將何崇帥衆五千人來降。

夏四月，九眞太守董元爲吳將虞汜所攻，軍敗，死之。北地胡寇金城，涼州刺史牽弘討之。羣虜內叛，圍弘於青山，弘軍敗，死之。

五月，立皇子憲爲城陽王。雍、涼、秦三州饑，赦其境內殊死以下。

閏月，大雩，太官減膳。詔交阯三郡、南中諸郡，無出今年戶調。

六月，詔公卿以下舉將帥各一人。辛丑，大司馬義陽王望薨。大雨霖，伊、洛、河溢，流居人四千餘家，殺三百餘人，有詔振貸給棺。

秋七月癸酉，以車騎將軍賈充爲都督秦、涼二州諸軍事。吳將陶璜等圍交阯，太守楊稷與鬱林太守毛炅及日南等三郡降於吳。

八月丙戌，以征東大將軍衞瓘爲征北大將軍、都督幽州諸軍事。丙申，城陽王憲薨。分益州之南中四郡置寧州，曲赦四郡殊死已下。

冬十月丁丑，日有蝕之。

十一月丁巳，衞公姬署薨。

十二月，大雪。罷中領軍，并北軍中候。以光祿大夫鄭袤爲司空。

八年春正月，監軍何楨討匈奴劉猛，累破之，左部帥李恪殺猛而降。癸亥，帝耕于藉田。

二月乙亥，禁彫文綺組非法之物。壬辰，太宰、安平王孚薨。詔內外羣官舉任邊郡者各三人。帝與右將軍皇甫陶論事，陶與帝爭言，散騎常侍鄭徽表請罪之。帝曰：「讜言謇諤，所望於左右也。人主常以阿媚爲患，豈以爭臣爲損哉！徽越職妄奏，豈朕之意。」遂免徽官。

夏四月，置後將軍，以備四軍。六月，益州牙門張弘誣其刺史皇甫晏反，殺之，傳首京師。弘坐伏誅，夷三族。壬辰，大赦。丙申，詔復隴右四郡遇寇害者田租。

秋七月，以車騎將軍賈充爲司空。

九月，吳西陵督步闡來降，拜衞將軍、開府儀同三司，封宜都公。吳將陸抗攻闡，遣車騎將軍羊祜帥衆出江陵，荆州刺史楊肇迎闡於西陵，巴東監軍徐胤擊建平以救闡。

冬十月辛未朔，日有蝕之。

十二月，肇攻抗，不克而還。闡城陷，爲抗所禽。

九年春正月辛酉，司空、密陵侯鄭袤薨。

二月癸巳，司徒、樂陵公石苞薨。立安平亭侯隆爲安平王。

三月，立皇子祗爲東海王。

夏四月戊辰朔，日有蝕之。

五月，旱。以太保何曾領司徒。

六月乙未，東海王祗薨。

秋七月丁酉朔，日有蝕之。吳將魯淑圍弋陽，征虜將軍王渾擊敗之。罷五官左右中郎將、弘訓太僕、衞尉、大長秋等官。鮮卑寇廣寧，殺略五千人。詔聘公卿以下子女以備六宮，采擇未畢，權禁斷婚姻。

冬十月辛巳，制女年十七父母不嫁者，使長吏配之。

十一月丁酉，臨宣武觀大閱諸軍，甲辰乃罷。

十年春正月辛亥，帝耕于藉田。

閏月癸酉，太傅、壽光公鄭沖薨。己卯，高陽王珪薨。庚辰，太原王瓌薨。

丁亥，詔曰：「嫡庶之別，所以辨上下，明貴賤。而近世以來，多皆內寵，登妃后之職，亂尊卑之序。自今以後，皆不得登用妾媵以爲嫡正。」

二月，分幽州五郡置平州。

三月癸亥，日有蝕之。

夏四月己未，太尉、臨淮公荀顗薨。

六月癸巳，臨聽訟觀錄囚徒，多所原遣。是夏，大蝗。

秋七月丙寅，皇后楊氏崩。壬午，吳平虜將軍孟泰、偏將軍王嗣等帥衆降。

八月，涼州虜寇金城諸郡，鎮西將軍、汝陰王駿討之，斬其帥乞文泥等。戊申，葬元皇后于峻陽陵。

九月癸亥，以大將軍陳騫爲太尉。攻拔吳枳里城，獲吳立信校尉莊祐。吳將孫遵、李承帥衆寇江夏，太守嵇喜擊破之。立河橋于富平津。

冬十一月，立城東七里澗石橋。庚午，帝臨宣武觀，大閱諸軍。

十二月，有星孛于軫。置藉田令。立太原王子緝爲高陽王。吳威北將軍嚴聰、揚威將軍嚴整、偏將軍朱買來降。

是歲，鑿陝南山，決河，東注洛，以通運漕。

咸寧元年春正月戊午朔，大赦，改元。

二月，以將士應已娶者多，家有五女者給復。辛酉，〔一四〕以故鄴令夏謖有淸稱，賜穀百斛。

以奉祿薄，賜公卿以下帛有差。叛虜樹機能送質請降。

夏五月，下邳、廣陵大風，拔木，壞廬舍。

六月，鮮卑力微遣子來獻。吳人寇江夏。西域戊己校尉馬循討叛鮮卑，破之，斬其渠帥。戊申，置太子詹事官。

秋七月甲申晦，日有蝕之。郡國螟。

八月壬寅，沛王子文薨。以故太傅鄭沖、太尉荀顗、司徒石苞、司空裴秀、驃騎將軍王沈、安平獻王孚等及太保何曾、司空賈充、太尉陳騫、中書監荀勖、平南將軍羊祜、齊王攸等皆列於銘饗。

九月甲子，青州螟，徐州大水。

冬十月乙酉，常山王殷薨。癸巳，彭城王權薨。

十一月癸亥，大閱於宣武觀，至于己巳。

十二月丁亥，追尊宣帝廟曰高祖，景帝曰世宗，文帝曰太祖。是月大疫，洛陽死者太半。封裴頠爲鉅鹿公。

二年春正月，以疾疫廢朝。賜諸散吏至于士卒絲各有差。

二月丙戌，河間王洪薨。甲午，赦五歲刑以下。東夷八國歸化。幷州虜犯塞，監幷州諸軍事胡奮擊破之。

初，燉煌太守尹璩卒，州以燉煌令梁澄領太守事，議郎令狐豐廢澄，自領郡事。豐死，弟宏代之。至是，涼州刺史楊欣斬宏，傳首洛陽。

先是，帝不豫，及瘳，羣臣上壽。詔曰：「每念頃遇疫氣死亡，爲之愴然。豈以一身之休息，忘百姓之艱邪？諸上禮者皆絕之。」

夏五月，鎮西大將軍、汝陰王駿討北胡，斬其渠帥吐敦。立國子學。庚午，大雩。

六月癸丑，薦荔支于太廟。甲戌，〔一五〕有星孛于氐。自春旱，至于是月始雨。吳京下督孫楷帥衆來降，以爲車騎將軍，封丹楊侯。白龍二見于新興井中。

秋七月，有星孛于大角。吳臨平湖自漢末壅塞，至是自開。父老相傳云：「此湖塞，天下亂；此湖開，天下平。」癸丑，安平王隆薨。東夷十七國內附。河南、魏郡暴水，殺百餘人，詔給棺。鮮卑阿羅多等寇邊，西域戊己校尉馬循討之，斬首四千餘級，獲生九千餘人，於是來降。

八月庚辰，河東、平陽地震。己亥，以太保何曾爲太傅，太尉陳騫爲大司馬，司空賈充爲太尉，鎮軍大將軍齊王攸爲司空。有星孛于太微，九月又孛于翼。丁未，起太倉於城東，常平倉於東西市。〔一六〕

閏月，荊州五郡水，流四千餘家。

冬十月，以汝陰王駿爲征西大將軍，平南將軍羊祜爲征南大將軍。丁卯，立皇后楊氏，大赦，賜王公以下及于鰥寡各有差。

十一月，白龍二見于梁國。

十二月，徵處士安定皇甫謐爲太子中庶子。封后父鎮軍將軍楊駿爲臨晉侯。是月，以平州刺史傅詢、前廣平太守孟桓清白有聞，詢賜帛二百匹，桓百匹。

三年春正月丙子朔，日有蝕之。立皇子裕爲始平王，安平穆王隆弟敦爲安平王。詔曰：「宗室戚屬，國之枝葉，欲令奉率德義，爲天下式。然處富貴而能愼行者寡，召穆公糾合兄弟而賦唐棣之詩，此姬氏所以本枝百世也。今以衞將軍、扶風王亮爲宗師，所當施行，皆諮之於宗師也。」庚寅，始平王裕薨。有星孛於西方。使征北大將軍衞瓘討鮮卑力微。

三月，平虜護軍文淑討叛虜樹機能等，〔一七〕並破之。有星孛于胃。乙未，帝將射雉，慮損麥苗而止。

夏五月戊子，吳將邵凱、夏祥帥衆七千餘人來降。〔一八〕

六月，益、梁八郡水，殺三百餘人，沒邸閣別倉。

秋七月，以都督豫州諸軍事王渾爲都督揚州諸軍事。中山王睦以罪廢爲丹水侯。

八月癸亥，徙扶風王亮爲汝南王，東莞王伷爲琅邪王，汝陰王駿爲扶風王，琅邪王倫爲趙王，渤海王輔爲太原王，太原王顒爲河間王，北海王陵爲任城王，陳王斌爲西河王，汝南王柬爲南陽王，濟南王耽爲中山王，河間王威爲章武王。立皇子瑋爲始平王，允爲濮陽王，該爲新都王，遐爲清河王，鉅平侯羊祜爲南城侯。以汝南王亮爲鎮南大將軍。大風拔樹，暴寒且冰，〔一九〕郡國五隕霜，傷穀。

九月戊子，以左將軍胡奮爲都督江北諸軍事。兗、豫、徐、靑、荆、益、梁七州大水，傷秋稼，詔振給之。立齊王子蕤爲遼東王，贊爲廣漢王。

冬十一月丙戌，帝臨宣武觀大閱，至于壬辰。

十二月，吳將孫愼入江夏、汝南，略千餘家而去。

是歲，西北雜虜及鮮卑、匈奴、五溪蠻夷、東夷三國前後十餘輩，〔二〇〕各帥種人部落內附。

四年春正月庚午朔，日有蝕之。

三月甲申，尙書左僕射盧欽卒。辛酉，以尙書右僕射山濤爲尙書左僕射。〔二一〕東夷六國來獻。

夏四月，蚩尤旗見於東井。

六月丁未，陰平、廣武地震，甲子又震。涼州刺史楊欣與虜若羅拔能等戰于武威，敗績，死之。弘訓皇后羊氏崩。

秋七月己丑，祔葬景獻皇后羊氏于峻平陵。庚寅，高陽王緝薨。癸巳，范陽王綏薨。荆、揚郡國二十皆大水。

九月，以太傅何曾爲太宰。辛巳，以尚書令李胤爲司徒。

冬十月，以征北大將軍衞瓘爲尚書令。揚州刺史應綽伐吳皖城，斬首五千級，焚穀米百八十萬斛。

十一月辛巳，太醫司馬程據獻雉頭裘，帝以奇技異服典禮所禁，焚之於殿前。甲申，敕內外敢有犯者罪之。吳昭武將軍劉翻、厲武將軍祖始來降。辛卯，以尚書杜預都督荆州諸軍事。征南大將軍羊祜卒。

十二月乙未，西河王斌薨。丁未，太宰朗陵公何曾薨。

是歲，東夷九國內附。

五年春正月，虜帥樹機能攻陷涼州。乙丑，使討虜護軍武威太守馬隆擊之。

二月甲午，白麟見于平原。

三月，匈奴都督拔弈虛帥部落歸化。乙亥，以百姓饑饉，減御膳之半。有星孛于柳。

夏四月，又孛于女御。大赦，降除部曲督以下質任。丁亥，郡國八雨雹，〔三〕傷秋稼，壞百姓廬舍。

秋七月，有星孛于紫宮。

九月甲午，麟見于河南。

冬十月戊寅，匈奴餘渠都督獨雍等帥部落歸化。汲郡人不準掘魏襄王冢，〔三〕得竹簡小篆古書十餘萬言，藏于祕府。

十一月，大舉伐吳，遣鎮軍將軍、琅邪王伷出涂中，〔四〕安東將軍王渾出江西，建威將軍王戎出武昌，平南將軍胡奮出夏口，鎮南大將軍杜預出江陵，龍驤將軍王濬、廣武將軍唐彬率巴蜀之卒浮江而下，東西凡二十餘萬。以太尉賈充爲大都督，行冠軍將軍楊濟爲副，總統衆軍。

十二月，馬隆擊叛虜樹機能，大破，斬之，涼州平。肅愼來獻楛矢石砮。

太康元年春正月己丑朔，五色氣冠日。癸丑，王渾克吳尋陽賴鄉諸城，獲吳武威將軍周興。

二月戊午，王濬、唐彬等克丹楊城。庚申，又克西陵，殺西陵都督、鎭軍將軍留憲，〔二五〕征南將軍成璩，西陵監鄭廣。壬戌，濬又克夷道樂鄉城，殺夷道監陸晏、水軍都督陸景。甲戌，杜預克江陵，斬吳江陵督伍延；〔二六〕平南將軍胡奮克江安。於是諸軍並進，樂鄉、荊門諸戍相次來降。乙亥，以濬爲都督益、梁二州諸軍事，復下詔曰：「濬、彬東下，掃除巴丘，與胡奮、王戎共平夏口、武昌，順流長騖，直造秣陵，與奮、戎審量其宜。杜預當鎭靜零、桂，懷輯衡陽。大兵既過，荊州南境固當傳檄而定，預當分萬人給濬，七千給彬。夏口既平，奮宜以七千人給濬。武昌既了，戎當以六千人增彬。太尉充移屯項，總督諸方。」濬進破夏口、武昌，遂泛舟東下，所至皆平。王渾、周浚與吳丞相張悌戰于版橋，大破之，斬悌及其將孫震、沈瑩，傳首洛陽。孫晧窮蹙請降，送璽綬於琅邪王伷。

三月壬寅，王濬以舟師至于建鄴之石頭，〔二七〕孫晧大懼，面縛輿櫬，降于軍門。濬杖節解縛焚櫬，送于京都。收其圖籍，克州四，郡四十三，縣三百一十三，戶五十二萬三千，吏三萬二千，兵二十三萬，男女口二百三十萬。其牧守已下皆因吳所置，除其苛政，示之簡易，吳人大悅。乙酉，〔二八〕大赦，改元，大酺五日，恤孤老困窮。

夏四月，河東、高平雨雹，傷秋稼。遣兼侍中張側、黃門侍郎朱震分使揚越，慰其初附。

白麟見于頓丘。三河、魏郡、弘農雨雹，傷宿麥。

五月辛亥，封孫晧爲歸命侯，拜其太子爲中郎，諸子爲郎中。吳之舊望，隨才擢敍。孫氏大將戰亡之家徙於壽陽，將吏渡江復十年，百姓及百工復二十年。丙寅，〔三九〕帝臨軒大會，引晧升殿，羣臣咸稱萬歲。丁卯，薦酃淥酒于太廟。郡國六雹，傷秋稼。庚午，詔諸士卒年六十以上罷歸于家。庚辰，以王濬爲輔國大將軍、襄陽侯，杜預當陽侯，王戎安豐侯，唐彬上庸侯，賈充、琅邪王伷以下增封。於是論功行封，賜公卿以下帛各有差。

六月丁丑，初置翊軍校尉官。封丹水侯睦爲高陽王。甲申，東夷十國歸化。

秋七月，虜軻成泥寇西平、浩亹，殺督將以下三百餘人。東夷二十國朝獻。庚寅，以尚書魏舒爲尚書右僕射。

八月，車師前部遣子入侍。己未，封皇弟延祚爲樂平王。白龍三見于永昌。

九月，羣臣以天下一統，屢請封禪，帝謙讓弗許。

冬十月丁巳，除五女復。

十二月戊辰，廣漢王贊薨。

二年春二月，淮南、丹楊地震。

三月丙申，安平王敦薨。賜王公以下吳生口各有差。詔選孫皓妓妾五千人入宮。東夷五國朝獻。

夏六月，東夷五國內附。郡國十六雨雹，大風拔樹，壞百姓廬舍。江夏、泰山水，流居人三百餘家。

秋七月，上黨又暴風雨雹，傷秋稼。

八月，有星孛于張。

冬十月，鮮卑慕容廆寇昌黎。〔三〇〕

十一月壬寅，大司馬陳騫薨。有星孛于軒轅。鮮卑寇遼西，平州刺史鮮于嬰討破之。

三年春正月丁丑，罷秦州，幷雍州。甲午，以尚書張華都督幽州諸軍事。

三月，安北將軍嚴詢敗鮮卑慕容廆於昌黎，殺傷數萬人。

夏四月庚午，太尉、魯公賈充薨。

閏月丙子，司徒、廣陸侯李胤薨。癸丑，白龍二見于濟南。

秋七月，〔三一〕罷平州、寧州刺史三年一入奏事。

九月，東夷二十九國歸化，獻其方物。吳故將莞恭、帛奉舉兵反，攻害建鄴令，遂圍揚州，徐州刺史嵇喜討平之。

冬十二月甲申，以司空齊王攸爲大司馬、督青州諸軍事，鎮東大將軍、琅邪王伷爲撫軍大將軍，〔三二〕汝南王亮爲太尉，光祿大夫山濤爲司徒，尚書令衞瓘爲司空。丙申，詔四方水旱甚者無出田租。

四年春正月甲申，〔三三〕以尚書右僕射魏舒爲尚書左僕射，下邳王晃爲尚書右僕射。戊午，司徒山濤薨。

二月己丑，立長樂亭侯寔爲北海王。

三月辛丑朔，〔三四〕日有蝕之。癸丑，大司馬齊王攸薨。

夏四月，任城王陵薨。

五月己亥，大將軍、琅邪王伷薨。徙遼東王蕤爲東萊王。

六月，增九卿禮秩。牂柯獠二千餘落內屬。

秋七月壬子，以尚書右僕射、下邳王晃爲都督青州諸軍事。丙寅，兗州大水，復其田租。

八月，鄯善國遣子入侍，假其歸義侯。以隴西王泰爲尚書右僕射。
冬十一月戊午，新都王該薨。以尚書左僕射魏舒爲司徒。
十二月庚午，大閱于宣武觀。
是歲，河內及荆州、揚州大水。

五年春正月己亥，青龍二見于武庫井中。
二月丙寅，立南宮王子玷爲長樂王。〔三五〕壬辰，地震。
夏四月，任城、魯國池水赤如血。五月丙午，宣帝廟梁折。
六月，初置黄沙獄。
秋七月戊申，皇子恢薨。任城、梁國、中山雨雹，傷秋稼。減天下户課三分之一。
九月，南安大風折木，郡國五大水，隕霜，傷秋稼。
冬十一月甲辰，太原王輔薨。
十二月庚午，大赦。林邑、大秦國各遣使來獻。
閏月，鎮南大將軍、當陽侯杜預卒。

六年春正月甲申朔，〔二六〕以比歲不登，免租貸宿負。戊辰，以征南大將軍王渾爲尚書左僕射，尚書褚䂮都督揚州諸軍事，楊濟都督荆州諸軍事。

三月，郡國六隕霜，傷桑麥。

夏四月，扶南等十國來獻，參離四千餘落內附。郡國四旱，十大水，壞百姓廬舍。

秋七月，巴西地震。

八月丙戌朔，日有蝕之。減百姓緜絹三分之一。白龍見于京兆。以鎮軍大將軍王濬爲撫軍大將軍。

九月丙子，山陽公劉康薨。

冬十月，南安山崩，水出。南陽郡獲兩足獸。龜茲、焉耆國遣子入侍。

十二月甲申，大閱于宣武觀，旬日而罷。庚子，撫軍大將軍、襄陽侯王濬卒。

七年春正月甲寅朔，日有蝕之。乙卯，詔曰：「比年災異屢發，日蝕三朝，地震山崩。邦之不減，實在朕躬。公卿大臣各上封事，極言其故，勿有所諱。」

夏五月，郡國十三旱。鮮卑慕容廆寇遼東。

秋七月，朱提山崩，犍爲地震。

八月，東夷十一國內附。京兆地震。
九月戊寅，驃騎將軍、扶風王駿薨。郡國八大水。
冬十一月壬子，以隴西王泰都督關中諸軍事。
十二月，遣侍御史巡遭水諸郡。出後宮才人、妓女以下二百七十人歸于家。始制大臣聽終喪三年。己亥，河陰雨赤雪二頃。
是歲，扶南等二十一國、馬韓等十一國遣使來獻。

八年春正月戊申朔，日有蝕之。太廟殿陷。
三月乙丑，臨商觀震。
夏四月，齊國、天水隕霜，〔三七〕傷麥。
六月，魯國大風，拔樹木，壞百姓廬舍。郡國八大水。
秋七月，前殿地陷，深數丈，中有破船。
八月，東夷二國內附。
九月，改營太廟。
冬十月，南康平固縣吏李豐反，聚衆攻郡縣，自號將軍。

十一月，海安令蕭輔聚衆反。

十二月，吳興人蔣迪聚黨反，圍陽羨縣，州郡捕討，皆伏誅。南夷扶南、西域康居國各遣使來獻。

是歲，郡國五地震。

九年春正月壬申朔，日有蝕之。詔曰：「興化之本，由政平訟理也。二千石長吏不能勤恤人隱，而輕挾私故，興長刑獄，又多貪濁，煩撓百姓。其敕刺史二千石糾其穢濁，舉其公清，有司議其黜陟。令內外羣官舉清能，拔寒素。」江東四郡地震。

二月，尚書右僕射、陽夏侯胡奮卒，以尚書朱整爲尚書右僕射。

三月丁丑，皇后親桑于西郊，賜帛各有差。壬辰，初幷二社爲一。

夏四月，江南郡國八地震；隴西隕霜，傷宿麥。

五月，義陽王奇有罪，黜爲三縱亭侯。詔內外羣官舉守令之才。

六月庚子朔，日有蝕之。徙章武王威爲義陽王。郡國三十二大旱，傷麥。

秋八月壬子，星隕如雨。詔郡國五歲刑以下決遣，無留庶獄。

九月，東夷七國詣校尉內附。郡國二十四螟。

冬十二月癸卯，立河間平王洪子英爲章武王。〔三八〕戊申，青龍、黄龍各一見于魯國。

十年夏四月，以京兆太守劉霄、陽平太守梁柳有政績，各賜穀千斛。郡國八隕霜。太廟成。乙巳，遷神主于新廟，帝迎于道左，遂祫祭。大赦，文武增位一等，作廟者二等。丁未，尚書右僕射、廣興侯朱整卒。癸丑，崇賢殿災。

五月，鮮卑慕容廆來降，東夷十一國内附。

六月庚子，山陽公劉瑾薨。復置二社。

冬十月壬子，徙南宫王承爲武邑王。

十一月丙辰，守尚書令、左光禄大夫荀勖卒。帝疾瘳，賜王公以下帛有差。含章殿鞠室火。

甲申，以汝南王亮爲大司馬、大都督、假黄鉞。改封南陽王柬爲秦王，始平王瑋爲楚王，濮陽王允爲淮南王，並假節之國，各統方州軍事。立皇子乂爲長沙王，穎爲成都王，晏爲吳王，熾爲豫章王，演爲代王，皇孫遹爲廣陵王。立濮陽王子迪爲漢王，始平王子儀爲毗陵王，汝南王次子羕爲西陽公。徙扶風王暢爲順陽王，暢弟歆爲新野公，琅邪王覲弟澹爲東武公，繇爲東安公，漼爲廣陵公，卷爲東莞公。改諸王國相爲内史。

十二月庚寅，〔三九〕太廟梁折。

是歲，東夷絕遠三十餘國、西南夷二十餘國來獻。虜奚軻男女十萬口來降。〔四〇〕

太熙元年春正月辛酉朔，改元。己巳，以尚書左僕射王渾爲司徒，司空衞瓘爲太保。

二月辛丑，東夷七國朝貢。琅邪王覲薨。

三月甲子，以右光祿大夫石鑒爲司空。

夏四月辛丑，以侍中車騎將軍楊駿爲太尉、都督中外諸軍、錄尚書事。己酉，帝崩于含章殿，時年五十五，葬峻陽陵，廟號世祖。

帝宇量弘厚，造次必於仁恕；容納讜正，未嘗失色於人；明達善謀，能斷大事，故得撫寧萬國，綏靜四方。承魏氏奢侈刻弊之後，百姓思古之遺風，乃厲以恭儉，敦以寡慾。有司嘗奏御牛青絲紖斷，詔以青麻代之。臨朝寬裕，法度有恆。高陽許允既爲文帝所殺，允子奇爲太常丞。帝將有事於太廟，朝議以奇受害之門，不欲接近左右，請出爲長史。帝乃追述允夙望，稱奇之才，擢爲祠部郎，時論稱其夷曠。平吳之後，天下乂安，遂怠於政術，耽於遊宴，寵愛后黨，親貴當權，舊臣不得專任，彝章紊廢，請謁行矣。爰至末年，知惠帝弗克負荷，然恃皇孫聰睿，故無廢立之心。復慮非賈后所生，終致危敗，遂與腹心共圖後事。說者紛然，久而不定，竟用王佑之謀，遣太子母弟秦王柬都督關中，楚王瑋、淮南王允並鎮守要害，以强帝室。又恐楊氏之偪，復以佑爲北軍中候，以典禁兵。既而寢疾彌留，至於大漸，佐命元勳，皆已先沒，羣臣惶惑，計無所從。會帝小差，有詔以汝南王亮輔政，又欲令朝士之有名望年少者數人佐之，楊駿祕而不宣。帝復尋至迷亂，楊后輒爲詔以駿輔政，促亮進發。帝尋小間，問汝南王來未，意欲見之，有所付託。左右答言未至，帝遂困篤。中朝之亂，實始於斯矣。

制曰：武皇承基，誕膺天命，握圖御宇，敷化導民，以佚代勞，以治易亂。絕縑綸之貢，去雕琢之飾，制奢俗以變儉約，止澆風而反淳朴。雅好直言，留心采擢，劉毅、裴楷以質直見容，嵇紹、許奇雖仇讐不棄。仁以御物，寬而得衆，宏略大度，有帝王之量焉。於時民和俗靜，家給人足，聿修武用，思啓封疆。決神算於深衷，斷雄圖於議表。馬隆西伐，王濬南征，師不延時，獯虜削迹，兵無血刃，揚越爲墟。通上代之不通，服前王之未服。禎祥顯應，風教肅清，天人之功成矣，霸王之業大矣。雖登封之禮，讓而不爲，驕泰之心，因斯以起。見土地之廣，謂萬葉而無虞；覩天下之安，謂千年而永治。不知處廣以思狹，則廣可長廣；居治而忘危，則治無常治。加之建立非所，委寄失才，志欲就於升平，行先迎於禍亂。是猶將適越者指沙漠以遵途，欲登山者涉舟航而覔路，所趣逾遠，所尙轉難，南北倍殊，高下相反，求其至也，不亦難乎！況以新集易動之基，而無久安難拔之慮，故賈充凶豎，懷姦志以擁權；楊駿豺狼，苞禍心以專輔。及乎宮車晚出，諒闇未周，藩翰變親以成疎，連兵競滅其本；棟梁回忠而起僞，擁衆各舉其威。曾未數年，綱紀大亂，海內版蕩，宗廟播遷。帝道王猷，反居文身之俗；神州赤縣，翻成被髮之鄉。棄所大以資人，掩其小而自託，爲天下笑，其故何哉？良由失愼於前，所以貽患於後。且知子者賢父，知臣者明君；子不肖則家亡，臣不忠則國亂；國亂不可以安也，家亡不可以全也。是以君子防其始，聖人閑其端。而世祖惑荀勖之姦謀，迷王渾之僞策，心屢移於衆口，事不定於己圖。元海當除而不除，卒令擾亂區夏；惠帝可廢而不廢，終使傾覆洪基。夫全一人者德之輕，拯天下者功之重，棄一子者忍之小，安社稷者孝之大；況乎資三世而成業，延二孽以喪之，所謂取輕德而捨重功，畏小忍而忘大孝。聖賢之道，豈若斯乎！雖則善始於初，而乖令終於末，所以殷勤史策，不能無慊慨焉。

校勘記

〔一〕機爲燕王　「機」，各本皆作「幾」。周校：「『機』誤『幾』。」按宣五王傳，淸惠亭侯京薨，以文帝子機爲嗣，封燕王。薨，無子，齊王冏表以子幾嗣。然則幾蓋機之子也。」按：上文旣言「皇弟」，則作「機」爲是，通鑑七九正作「機」，今據改。

〔二〕子文爲沛王　李校：「宗室傳言沛王景字子文。此擧其字者，蓋沛王名本或作『炳』及『昞』、『秉』之類，唐避世祖諱昞，於『丙』、『秉』等字皆改爲『景』。故紀稱其字，傳改爲『景』耳。」李說當是。

〔三〕鄉侯爲關內侯　「鄉侯」上原衍「爲」字，今刪。參拾補。

〔四〕丁丑　二月己酉朔，丁丑爲二十九日，下文庚午爲二十二日，日序誤倒。

〔五〕夏五月戊辰至壬子　斠正：五月無戊辰、壬子日。

〔六〕春正月癸丑至丁卯　正月甲戌朔，無癸丑、丁卯。

〔七〕丁未　三月癸酉朔，無丁未。

〔八〕六月丙申朔　「丙申」，各本皆作「甲申」。按：六月應爲丙申朔，丁國鈞晉書校文以下簡稱校文亦言「當從通鑑目錄作丙申」，今改正。

〔九〕戊午　七月丙寅朔，無戊午。

〔一〇〕萬郁　斠注：「吳志三嗣主傳作『萬彧』。」按：通鑑七九同吳志。

〔一一〕梁州之陰平置秦州　「陰平」，各本皆作「陽平」。商榷：「陽平，地理志作陰平，宜從之。」今據改。

〔一二〕己未　二月所見干支有辛巳、壬寅、丁亥、己未。按：二月壬戌朔，辛巳爲二十日，丁亥爲二十六日，三月壬辰朔，壬寅爲十一日，己未爲二十八日。此處不見「三月」，且日序錯亂。

〔一三〕丙戌　「丙戌」上各本重出「三月」，今刪。

〔一四〕辛酉　二月丁亥朔，無辛酉。參舉正。

〔一五〕六月癸丑至甲戌　六月庚辰朔，無癸丑、甲戌。

〔一六〕丁未起太倉於城東常平倉於東西市　九月戊申朔，無丁未。本書食貨志及御覽一九〇引晉陽秋，謂泰始四年七月起常平倉。

〔一七〕平虜護軍文淑　周校：「扶風王駿、東安王繇傳並作『文俶』。」按：魏志諸葛誕傳作「文鴦」，注引晉諸公贊又作「文俶」。裴松之云鴦一名俶。

〔一八〕吳將邵凱　斠注：「羊祜傳『凱』作『顗』。」按：通鑑八〇同祜傳。

〔一九〕大風拔樹暴寒且冰　拾補：「五行志云河間，此上疑脫二字。」按：宋書五行志五亦有「河間」。

〔二〇〕東夷三國前後十餘輩　「十」，從宋本，他本作「千」。

〔二一〕辛酉以尚書右僕射山濤爲尚書左僕射　三月庚午朔，無辛酉。按：藝文類聚以下簡稱類聚四八、御覽二一一引王隱晉書，謂濤遷左僕射在太康元年。又據御覽同卷、北堂書鈔以下簡稱書鈔五九引晉起居注，太康元年始復置左右僕射。濤本傳謂咸寧初「除尚書僕射，加侍中」，當是。

〔二二〕丁亥郡國八雨雹　據本書五行志下，此爲五、六月間事，疑紀脫月。

〔二三〕汲郡人不準掘魏襄王冢　衞恆傳、杜預春秋左氏經傳集解後序正義引王隱晉書束晳傳作太康元年，束晳傳、荀勗穆天子傳序作太康二年。雷學淇竹書紀年考證云：「竹書發于咸寧五年十月，帝紀之說，錄其實也。就官收以後上於帝京時言，故曰太康元年，束晳傳云二年，或命官校理之歲也。」又「魏襄王」，王隱晉書束晳傳作「魏安釐王」。

〔二四〕遣鎭軍將軍瑯邪王伷出涂中　周校：「鎭軍將軍，當作鎭東大將軍，據泰始五年、太康三年及本傳文知之。」按：周說當是，吳志孫晧傳亦作「鎭東大將軍司馬伷」，此時鎭軍爲司馬伷，與伷無涉。

〔二五〕鎭軍將軍留憲　斠注：「王濬傳『鎭軍』作『鎭南』。」按：本書杜預傳、册府元龜以下簡稱册府三五〇「留憲」作「劉憲」。

〔二六〕斬吳江陵督伍延　「伍延」，各本皆作「王延」。按：本書杜預傳、吳志孫晧傳、册府一二一、通鑑八一皆作「伍延」，今據改。參周校及洪頤煊諸史考異。

〔二七〕三月壬寅至石頭　「壬寅」，各本皆作「壬申」。按：三月戊子朔，無壬申。校文云，王濬傳載濬入石頭後上書有「以十五日至秣陵」語，十五日爲壬寅，則「申」當爲「寅」字之誤。今據改。

〔二八〕乙酉　三月戊子朔，無乙酉。通鑑八一作「四月乙酉」，爲四月二十九日。

〔二九〕丙寅　五月丁亥朔，無丙寅。丙寅及此下丁卯、庚午、庚辰、丁丑、甲申，皆在六月內，下文「丁丑」前「六月」二字應在「丙寅」上。又庚辰爲六月二十五日，丁丑爲二十二日，日序亦倒。

〔三〇〕鮮卑慕容廆寇昌黎　「慕容廆」，通鑑八一作「涉歸」。通鑑考異：「按范亨燕書武宣紀。廆泰始五年生，年十五，父單于涉歸卒，太康四年也。此年入寇，當是涉歸。」

〔三一〕秋七月　「七月」，從宋本。明吳氏西爽堂本以下簡稱吳本同宋本，他本皆作「八月」。

〔三二〕鎮東大將軍琅邪王伷爲撫軍大將軍　周校：「『撫軍』衍文，據明年伷薨文及職官志、本傳知之。」

〔三三〕四年春正月甲申　正月辛丑朔，無甲申。二月辛未朔，甲申爲是月十四日。

〔三四〕三月辛丑朔　三月庚子朔，辛丑爲初二日。「朔」字疑衍，或「辛丑」爲「庚子」之誤。

〔三五〕南宮王子玷爲長樂王　安平獻王孚傳「玷」作「祐」，太平寰宇記六三亦作「祐」。

〔三六〕正月甲申朔　正月庚申朔，甲申爲二十五日，疑「甲」爲「庚」字之誤。下文「戊辰」爲初九日，如作「甲申」，日序不合。

〔三七〕齊國天水隕霜　「天水」，各本皆作「大水」。周校：五行志，四月齊國、天水二郡隕霜，『大水』爲『天水』之誤。按：宋書五行志四亦作「天水」，今據改。

〔三八〕立河間平王洪子英爲章武王　本書河間王洪傳稱，洪二子威、混，無名英者。威嗣洪，徙封章武。其後威出繼義陽王望，又立混爲嗣。傳云威出繼在太康九年，與英受封章武王正在同年。成紀咸和六年下有以「章武王混子珍爲章武王」之文，則此處「英」當爲「混」字之誤。

〔三九〕十二月庚寅　十二月辛卯朔，無庚寅。五行志上、宋書五行志一、通典五一引河南孫平子封事並作十一月。庚寅爲十一月二十九日。

〔四〇〕虜奚軻男女十萬口來降　「奚軻」上各本皆有「壬戌」二字。按：「是歲」下不應再出干支，「虜壬戌奚軻」，文義亦不可通。册府九七七、通鑑八二皆無「壬戌」，今據删。

晉書卷四

帝紀第四

惠帝

孝惠皇帝諱衷，字正度，武帝第二子也。泰始三年，立爲皇太子，時年九歲。太熙元年四月己酉，武帝崩。是日，皇太子卽皇帝位，大赦，改元爲永熙。尊皇后楊氏曰皇太后，立妃賈氏爲皇后。

夏五月辛未，葬武皇帝於峻陽陵。丙子，增天下位一等，預喪事者二等，復租調一年，二千石已上皆封關中侯。以太尉楊駿爲太傅，輔政。

秋八月壬午，立廣陵王遹爲皇太子，以中書監何劭爲太子太師，吏部尚書王戎爲太子太傅，衞將軍楊濟爲太子太保。遣南中郎將石崇、射聲校尉胡奕、長水校尉趙俊、揚烈將軍趙歡將屯兵四出。

冬十月辛酉，以司空石鑒爲太尉，前鎭西將軍、隴西王泰爲司空。

永平元年春正月乙酉朔，〔一〕臨朝，不設樂。詔曰：「朕夙遭不造，淹恤在疚。賴祖宗遺靈，宰輔忠賢，得以眇身託于羣后之上。昧於大道，不明于訓，戰戰兢兢，夕惕若厲。乃者哀迷之際，三事股肱，惟社稷之重，率遵翼室之典，猶欲長奉先皇之制，是以有永熙之號。然日月踰邁，已涉新年，開元易紀，禮之舊章。其改永熙二年爲永平元年。」又詔子弟及羣官並不得謁陵。丙午，皇太子冠，丁未，見于太廟。

二月甲寅，賜王公已下帛各有差。癸酉，鎭南將軍楚王瑋、鎭東將軍淮南王允來朝。戊寅，復置祕書監官。

三月辛卯，誅太傅楊駿，駿弟衞將軍珧，太子太保濟，中護軍張劭，散騎常侍段廣、楊邈，左將軍劉預，河南尹李斌，中書令蔣俊，東夷校尉文淑，尚書武茂，皆夷三族。壬辰，大赦，改元。賈后矯詔廢皇太后爲庶人，徙于金墉城，告于天地宗廟。誅太后母龐氏。壬寅，徵大司馬、汝南王亮爲太宰，與太保衞瓘輔政。以秦王柬爲大將軍，東平王楙爲撫軍大將軍，鎭南將軍、楚王瑋爲衞將軍，領北軍中候，下邳王晃爲尚書令，東安公繇爲尚書左僕射，進封東安王。督將侯者千八十一人。庚戌，免東安王繇及東平王楙，繇徙帶方。

夏四月癸亥，以征東將軍、梁王彤爲征西大將軍、都督關西諸軍事，太子少傅阮坦爲平東將軍、監青徐二州諸軍事。己巳，以太子太傅王戎爲尙書右僕射。

五月甲戌，〔三〕毗陵王軌薨。壬午，除天下戶調緜絹，賜孝悌、高年、鰥寡、力田者帛，人三匹。

六月，賈后矯詔使楚王瑋殺太宰、汝南王亮，太保、菑陽公衞瓘。乙丑，以瑋擅害亮、瓘，殺之。曲赦洛陽。以廣陵王師劉寔爲太子太保，司空、隴西王泰錄尙書事。

秋七月，分揚州、荆州十郡爲江州。

八月庚申，以趙王倫爲征東將軍、都督徐兗二州諸軍事；河間王顒爲北中郎將，鎭鄴；太子太師何劭爲都督豫州諸軍事，鎭許昌。徙長沙王乂爲常山王。己巳，進西陽公羕爵爲王。辛未，立隴西世子越爲東海王。

九月甲午，大將軍、秦王柬薨。辛丑，徵征西大將軍、梁王彤爲衞將軍、錄尙書事，以趙王倫爲征西大將軍、都督雍梁二州諸軍事。

冬十二月辛酉，京師地震。

是歲，東夷十七國、南夷二十四部並詣校尉內附。

二年春二月己酉，賈后弒皇太后于金墉城。

秋八月壬子，大赦。

九月乙酉，中山王耽薨。

冬十一月，大疫。

是歲，沛國雨雹，傷麥。

三年夏四月，滎陽雨雹。

六月，弘農郡雨雹，深三尺。

冬十月，太原王泓薨。〔三〕

四年春正月丁酉朔，侍中、太尉、安昌公石鑒薨。〔四〕

夏五月，蜀郡山移，淮南壽春洪水出，山崩地陷，壞城府及百姓廬舍。匈奴郝散反，攻上黨，殺長吏。

六月，壽春地大震，死者二十餘家。上庸郡山崩，殺二十餘人。

秋八月，郝散帥衆降，馮翊都尉殺之。上谷居庸、上庸並地陷裂，水泉涌出，人有死者。

大饑。

九月丙辰，赦諸州之遭地災者。甲午，枉矢東北竟天。〔五〕

是歲，京師及郡國八地震。

五年夏四月，彗星見于西方，孛于奎，至軒轅。

六月，金城地震。東海雨雹，深五寸。

秋七月，下邳暴風，壞廬舍。

九月，雁門、新興、太原、上黨大風，傷禾稼。

冬十月，武庫火，焚累代之寶。

十二月丙戌，新作武庫，大調兵器。丹楊雨雹。有石生于京師宜年里。

是歲，荆、揚、兗、豫、青、徐等六州大水，詔遣御史巡行振貸。

六年春正月，大赦。司空、下邳王晃薨。以中書監張華爲司空，太尉、隴西王泰爲尚書令，衞將軍、梁王肜爲太子太保。丁丑，地震。

三月，東海隕霜，傷桑麥。彭城呂縣有流血，東西百餘步。

夏四月，大風。

五月，荆、揚二州大水。匈奴郝散弟度元帥馮翊、北地馬蘭羌、盧水胡反，攻北地，太守張損死之。馮翊太守歐陽建與度元戰，建敗績。徵征西大將軍、趙王倫爲車騎將軍，以太子太保、梁王肜爲征西大將軍、都督雍梁二州諸軍事，鎮關中。

秋八月，雍州刺史解系又爲度元所破。秦雍氐、羌悉叛，推氐帥齊萬年僭號稱帝，圍涇陽。

冬十月乙未，曲赦雍、涼二州。

十一月丙子，遣安西將軍夏侯駿、〔六〕建威將軍周處等討萬年，梁王肜屯好畤。關中饑，大疫。

七年春正月癸丑，周處及齊萬年戰於六陌，王師敗績，處死之。

夏五月，魯國雨雹。

秋七月，雍、梁州疫。大旱，隕霜，殺秋稼。關中饑，米斛萬錢。詔骨肉相賣者不禁。

丁丑，司徒、京陵公王渾薨。

九月，以尚書右僕射王戎爲司徒，太子太師何劭爲尚書左僕射。

八年春正月丙辰，地震。詔發倉廪，振雍州饑人。

三月壬戌，大赦。

夏五月，郊禖石破爲二。

秋九月，荆、豫、揚、徐、冀等五州大水。雍州有年。

九年春正月，左積弩將軍孟觀伐氐，戰于中亭，大破之，獲齊萬年。徵征西大將軍、梁王肜錄尚書事。以北中郎將、河間王顒爲鎮西將軍，鎮關中；成都王穎爲鎮北大將軍，鎮鄴。

夏四月，鄴人張承基等妖言署置，聚黨數千。郡縣逮捕，皆伏誅。

六月戊戌，太尉、隴西王泰薨。〔七〕

秋八月，以尚書裴頠爲尚書僕射。

冬十一月甲子朔，日有蝕之。京師大風，發屋折木。

十二月壬戌，廢皇太子遹爲庶人，及其三子幽于金墉城，殺太子母謝氏。

永康元年春正月癸亥朔，大赦，改元。己卯，日有蝕之。丙子，皇孫虨卒。〔八〕

二月丁酉，大風，飛沙拔木。

三月，尉氏雨血，妖星見于南方。癸未，賈后矯詔害庶人遹于許昌。

夏四月辛卯，日有蝕之。癸巳，梁王肜、趙王倫矯詔廢賈后爲庶人，司空張華、尚書僕射裴頠皆遇害，侍中賈謐及黨與數十人皆伏誅。甲午，倫矯詔大赦，自爲相國、都督中外諸軍，如宣文輔魏故事，追復故皇太子位。丁酉，以梁王肜爲太宰，左光祿大夫何劭爲司徒，右光祿大夫劉寔爲司空，淮南王允爲驃騎將軍。己亥，趙王倫矯詔害賈庶人于金墉城。

五月己巳，立皇孫臧爲皇太孫，尚爲襄陽王。

六月壬寅，葬愍懷太子于顯平陵。撫軍將軍、清河王遐薨。癸卯，震崇陽陵標。

秋八月，淮南王允舉兵討趙王倫，不克，允及其二子秦王郁、漢王迪皆遇害。曲赦洛陽。平東將軍、彭城王植薨。改封吳王晏爲賓徒縣王。以齊王冏爲平東將軍，鎭許昌；光祿大夫陳準爲太尉、錄尚書事。

九月，改司徒爲丞相，以梁王肜爲之。

冬十月，黃霧四塞。

十一月戊午，大風飛沙石，六日乃止。甲子，立皇后羊氏，大赦，大酺三日。

十二月，彗星見于東方。益州刺史趙廞與略陽流人李庠害成都內史耿勝、〔九〕犍爲太守李密、汶山太守霍固、〔一〇〕西夷校尉陳總，據成都反。

永寧元年春正月乙丑，趙王倫篡帝位。丙寅，遷帝于金墉城，號曰太上皇，改金墉曰永昌宮。廢皇太孫臧爲濮陽王。五星經天，縱橫無常。癸酉，倫害濮陽王臧。略陽流人李特殺趙廞，傳首京師。

三月，平東將軍、齊王冏起兵以討倫，〔一一〕傳檄州郡，屯于陽翟。征北大將軍、成都王穎，征西大將軍、河間王顒，常山王乂，豫州刺史李毅，〔一二〕兗州刺史王彥，南中郎將、新野公歆，皆舉兵應之，衆數十萬。倫遣其將閭和出伊闕，張泓、孫輔出堮坂以距冏，孫會、士猗、許超出黃橋以距穎。及穎將趙驤、石超戰于湨水，會等大敗，棄軍走。

閏月丙戌朔，日有蝕之。

夏四月，歲星晝見。冏將何勖、盧播擊張泓於陽翟，大破之，斬孫輔等。辛酉，左衞將軍王輿與尚書、淮陵王漼勒兵入宮，禽倫黨孫秀、孫會、許超、士猗、駱休等，皆斬之。逐倫歸第，卽日乘輿反正。羣臣頓首謝罪，帝曰：「非諸卿之過也。」

癸亥，詔曰：「朕以不德，纂承皇統，遠不能光濟大業，靖綏四方；近不能開明刑威，式遏姦宄，至使逆臣孫秀敢肆凶虐，竊間王室，遂奉趙王倫篡據天位。鎭東大將軍、齊王冏，征北大將軍、成都王穎，征西大將軍、河間王顒，並以明德茂親，忠規允著，首建大策，匡救國難。尙書淮共立大謀，左衞將軍王輿與羣公卿士，協同謀略，親勒本營，斬秀及其二子。前趙王倫爲秀所誤，與其子等已詣金墉迎朕幽宮，旋軫閶闔。豈在予一人獨饗其慶，宗廟社稷實有賴焉。」於是大赦，改元，孤寡賜穀五斛，大酺五日。誅趙王倫、義陽王威、九門侯質等及倫之黨與。

五月，立襄陽王尙爲皇太孫。

六月戊辰，大赦，增吏位二等。復封賓徒王晏爲吳王。庚午，東萊王蕤、左衞將軍王輿謀廢齊王冏，事泄，蕤廢爲庶人，輿伏誅，夷三族。甲戌，以齊王冏爲大司馬、都督中外諸軍事，成都王穎爲大將軍、錄尙書事，河間王顒爲太尉。罷丞相，復置司徒官。己卯，以梁王肜爲太宰，領司徒。封齊王冏功臣葛旟牟平公，路季小黃公，〔一三〕衞毅平陰公，劉眞安鄉公，韓泰封丘公。

秋七月甲午，立吳王晏子國爲漢王，〔一四〕復封常山王乂爲長沙王。

八月，大赦。戊辰，原徙邊者。益州刺史羅尙討羌，破之。己巳，徙南平王祥爲宜都王。下邳王韡薨。〔一五〕以東平王楙爲平東將軍、〔一六〕都督徐州諸軍事。

九月，追東安王繇復其爵。丁丑，〔一七〕封楚王瑋子範爲襄陽王。

冬十月，流人李特反於蜀。

十二月，司空何劭薨。〔一八〕封齊王冏子冰爲樂安王，英爲濟陽王，超爲淮南王。

是歲，郡國十二旱，六蝗。

太安元年春正月庚子，安東將軍、譙王隨薨。

三月癸卯，赦司、冀、兗、豫四州。皇太孫尚薨。

夏四月，彗星晝見。

五月乙酉，侍中、太宰、領司徒、梁王肜薨。以右光祿大夫劉寔爲太傅。太尉、河間王顒遣將衙博擊李特於蜀，爲特所敗。特遂陷梓潼、巴西，害廣漢太守張微，自號大將軍。〔一九〕癸卯，以清河王遐子覃爲皇太子，賜孤寡帛，大酺五日。以齊王冏爲太師，東海王越爲司空。

秋七月，兗、豫、徐、冀等四州大水。

冬十月，地震。

十二月丁卯，河間王顒表齊王冏窺伺神器，有無君之心，與成都王穎、新野王歆、范陽王虓同會洛陽，請廢冏還第。長沙王乂奉乘輿屯南止車門，攻冏，殺之，幽其諸子于金墉城，廢冏弟北海王寔。大赦，改元。以長沙王乂爲太尉、都督中外諸軍事。封東萊王蕤子炤爲齊王。〔二〇〕

二年春正月甲子朔，〔二一〕赦五歲刑。

三月，李特攻陷益州。荆州刺史宋岱擊特，斬之，〔二二〕傳首京師。

夏四月，特子雄復據益州。

五月，義陽蠻張昌舉兵反，以山都人丘沈爲主，改姓劉氏，僞號漢，建元神鳳，攻破郡縣，南陽太守劉彬、平南將軍羊伊、鎮南大將軍、新野王歆並遇害。

六月，遣荆州刺史劉弘等討張昌于方城，王師敗績。

秋七月，中書令卞粹、侍中馮蓀、河南尹李含等貳於長沙王乂，乂疑而害之。張昌陷江南諸郡，武陵太守賈隆、零陵太守孔紘、豫章太守閻濟、武昌太守劉根皆遇害。昌別帥石冰寇揚州，刺史陳徽與戰，大敗，諸郡盡沒。臨淮人封雲舉兵應之，自阜陵寇徐州。

八月，河間王顒、成都王穎舉兵討長沙王乂，帝以乂爲大都督，帥軍禦之。

庚申，劉弘及張昌戰於淸水，斬之。

顒遣其將張方，穎遣其將陸機、牽秀、石超等來逼京師。乙丑，帝幸十三里橋，遣將軍皇甫商距方于宜陽。己巳，帝旋軍于宣武場。庚午，舍于石樓。天中裂，無雲而雷。

九月丁丑，帝次于河橋。壬午，皇甫商爲張方所敗。甲申，帝軍于芒山。丁亥，幸偃師。辛卯，舍于豆田。癸巳，尚書右僕射、興晉侯羊玄之卒，〔二三〕帝旋于城東。丙申，進軍緱氏，擊牽秀，走之。大赦。張方入京城，燒淸明、開陽二門，死者萬計。石超逼乘輿于緱氏。

冬十月壬寅，帝旋于宮。石超焚緱氏，服御無遺。丁未，破牽秀、范陽王虓于東陽門外。戊申，破陸機于建春門，石超走，斬其大將賈崇等十六人，〔二四〕懸首銅駝街。張方退屯十三里橋。

十一月辛巳，星晝隕，聲如雷。王師攻方壘，不利。方決千金堨，水碓皆涸。乃發王公奴婢手舂給兵廩，一品已下不從征者，男子十三以上皆從役。又發奴助兵，號爲四部司馬。公私窮踧，米石萬錢。詔命所至，一城而已。

壬寅夜，〔二五〕赤氣竟天，隱隱有聲。丙辰，地震。癸亥，東海王越執長沙王乂，幽於金墉城，尋爲張方所害。甲子，大赦。〔二六〕丙寅，揚州秀才周玘、前南平內史王矩、前吳興內史顧祕起義軍以討石冰。〔二七〕冰退，自臨淮趣壽陽。征東將軍劉準遣廣陵度支陳敏擊冰。李雄自郫城攻益州刺史羅尚，〔二八〕尚委城而遁，雄盡有成都之地。封鮮卑段勿塵爲遼西公。

永興元年春正月丙午，尚書令樂廣卒。〔二九〕成都王穎自鄴諷于帝，乃大赦，改元爲永安。帝逼于河間王顒，密詔雍州刺史劉沈、秦州刺史皇甫重以討之。沈舉兵攻長安，爲顒所敗。張方大掠洛中，還長安。於是軍中大餒，人相食。以成都王穎爲丞相。穎遣從事中郎成夔等以兵五萬屯十二城門，殿中宿所忌者，穎皆殺之，以三部兵代宿衞。

二月乙酉，廢皇后羊氏，幽于金墉城，黜皇太子覃復爲清河王。

三月，陳敏攻石冰，斬之，揚、徐二州平。

河間王顒表請立成都王穎爲太弟。戊申，詔曰：「朕以不德，纂承鴻緒，于茲十有五載。禍亂滔天，姦逆仍起，至乃幽廢重宮，宗廟圮絕。成都王穎溫仁惠和，克平暴亂。其以穎爲皇太弟、都督中外諸軍事，丞相如故。」大赦，賜鰥寡高年帛三匹，大酺五日。丙辰，盜竊太廟服器。以太尉顒爲太宰，太傅劉寔爲太尉。

六月，新作三城門。

秋七月丙申朔，右衞將軍陳眕以詔召百僚入殿中，因勒兵討成都王穎。戊戌，大赦，復皇后羊氏及皇太子覃。己亥，司徒王戎、東海王越、高密王簡、〔三〇〕平昌公模、吳王晏、豫章王熾、襄陽王範、右僕射荀藩等奉帝北征。至安陽，衆十餘萬，穎遣其將石超距戰。己未，六軍敗績于蕩陰，矢及乘輿，百官分散，侍中嵇紹死之。帝傷頰，中三矢，亡六璽。帝遂幸超軍，餒甚，超進水，左右奉秋桃。超遣弟熙奉帝之鄴，穎帥羣官迎謁道左。帝下輿涕泣，其夕幸于穎軍。穎府有九錫之儀，陳留王送貂蟬文衣鶡尾，明日，乃備法駕幸于鄴，唯豫章王熾、司徒王戎、僕射荀藩從。庚申，〔三〕大赦，改元爲建武。

八月戊辰，穎殺東安王繇。張方復入洛陽，廢皇后羊氏及皇太子覃。匈奴左賢王劉元海反於離石，自號大單于。安北將軍王浚遣烏丸騎攻成都王穎于鄴，大敗之。穎與帝單車走洛陽，服御分散，倉卒上下無齎，侍中黃門被囊中齎私錢三千，詔貸用。所在買飯以供，宮人止食于道中客舍。宮人有持升餘粇米飯及燥蒜鹽豉以進帝，帝噉之，御中黃門布被。次獲嘉，市粗米飯，盛以瓦盆，帝噉兩盂。有老父獻蒸雞，帝受之。至溫，將謁陵，帝喪履，納從者之履，下拜流涕，左右皆歔欷。及濟河，張方帥騎三千，以陽燧青蓋車奉迎。方拜謁，帝躬止之。辛巳，大赦，賞從者各有差。

冬十一月乙未，方請帝謁廟，因劫帝幸長安。方以所乘車入殿中，帝馳避後園竹中。方逼帝升車，左右中黃門鼓吹十二人步從，唯中書監盧志侍側。方以帝幸其壘，帝令方具車載宮人寶物，軍人因妻略後宮，分爭府藏。魏晉已來之積，掃地無遺矣。行次新安，寒甚，帝墮馬傷足，尚書高光進面衣，帝嘉之。河間王顒帥官屬步騎三萬，迎于霸上。顒前拜謁，帝下車止之。以征西府爲宮。唯僕射荀藩、司隸劉暾、太常鄭球、河南尹周馥與其遺官在洛陽，爲留臺，承制行事，號爲東西臺焉。丙午，〔三二〕留臺大赦，改元復爲永安。辛丑，復皇后羊氏。李雄僭號成都王，劉元海僭號漢王。

十二月丁亥，詔曰：「天禍晉邦，冢嗣莫繼。成都王穎自在儲貳，政績虧損，四海失望，不可承重，其以王還第。豫章王熾先帝愛子，令問日新，四海注意，今以爲皇太弟，以隆我晉邦。以司空越爲太傅，與太宰顒夾輔朕躬。司徒王戎參錄朝政，光祿大夫王衍爲尚書左僕射。安南將軍虓、安北將軍浚、〔三三〕平北將軍騰各守本鎮。高密王簡爲鎮南將軍，領司隸校尉，權鎮洛陽；東中郎將模爲寧北將軍、都督冀州，鎮于鄴；鎮南大將軍劉弘領荊州，以鎮南土。周馥、繆胤各還本部，百官皆復職。齊王冏前應還第，長沙王乂輕陷重刑，封其子紹爲樂平縣王，〔三四〕以奉其嗣。自頃戎車屢征，勞費人力，供御之物皆減三分之二，戶調田租三分減一。蠲除苛政，愛人務本。清通之後，當還東京。」大赦，改元。以河間王顒都督中外諸軍事。

二年春正月甲午朔，帝在長安。

夏四月，詔封樂平王紹爲齊王。〔三五〕丙子，張方廢皇后羊氏。

六月甲子，侍中、司徒、安豐侯王戎薨。隴西太守韓稚攻秦州刺史張輔，殺之。李雄僭卽帝位，國號蜀。

秋七月甲午，尙書諸曹火，燒崇禮闥。東海王越嚴兵徐方，將西迎大駕。成都王穎部將公師藩等聚衆攻陷郡縣，害陽平太守李志、汲郡太守張延等，轉攻鄴，平昌公模遣將軍趙驤擊破之。

八月辛丑，〔三六〕大赦。驃騎將軍、范陽王虓逐冀州刺史李義。揚州刺史曹武殺丹楊太守朱建。李雄遣其將李驤寇漢安。車騎大將軍劉弘逐平南將軍、彭城王釋于宛。

九月庚寅朔，公師藩又害平原太守王景、淸河太守馮熊。庚子，豫州刺史劉喬攻范陽王虓於許昌，敗之。壬子，以成都王穎爲鎭軍大將軍、都督河北諸軍事，鎭鄴。河間王顒遣將軍呂朗屯洛陽。

冬十月丙子，詔曰：「得豫州刺史劉喬檄，稱潁川太守劉輿迫脅驃騎將軍虓，距逆詔令，造構凶逆，擅劫郡縣，合聚兵衆，擅用苟晞爲兗州，斷截王命。鎭南大將軍、荆州刺史劉弘、平南將軍、彭城王釋等，其各勒所統，徑會許昌，與喬并力。今遣右將軍張方爲大都督，統精卒十萬，建武將軍呂朗、廣武將軍騫貙、建威將軍刁默等爲軍前鋒，共會許昌，除輿兄弟。」丁丑，使前車騎將軍石超、北中郎將王闡討輿等。赤氣見于北方，東西竟天。有星孛于北斗。平昌公模遣將軍宋冑等屯河橋。

十一月，立節將軍周權詐被檄，自稱平西將軍，復皇后羊氏。洛陽令何喬攻權，殺之，復廢皇后。

十二月，呂朗等東屯滎陽，成都王穎進據洛陽，張方、劉弘等並桉兵不能禦。范陽王虓濟自官渡，拔滎陽，斬石超，襲許昌，破劉喬于蕭，喬奔南陽。右將軍陳敏舉兵反，自號楚公，矯稱被中詔，從沔漢奉迎天子；逐揚州刺史劉機、丹楊太守王曠；〔三七〕遣弟恢南略江州，刺史應邈奔弋陽。

光熙元年春正月戊子朔，日有蝕之。帝在長安。河間王顒聞劉喬破，大懼，遂殺張方，請和于東海王越，越不聽。宋冑等破穎將樓裒，〔三八〕進逼洛陽，穎奔長安。

甲子，〔三九〕越遣其將祁弘、宋冑、司馬纂等迎帝。

三月，東萊惤令劉柏根反，自稱惤公，襲臨淄，高密王簡奔聊城。王浚遣將討柏根，斬之。

夏四月己巳，東海王越屯于溫。顒遣弘農太守彭隨、北地太守刁默距祁弘等于湖。

五月，枉矢西南流。范陽國地燃，可以爨。

壬辰，祁弘等與刁默戰，默大敗，顒、穎走南山，奔于宛。[二〇]弘等所部鮮卑大掠長安，殺二萬餘人。是日，日光四散，赤如血。甲午又如之。

己亥，弘等奉帝還洛陽，帝乘牛車，行宮藉草，公卿跋涉。戊申，驃騎、范陽王虓殺司隸校尉邢喬。己酉，盜取太廟金匱及策文各四。

六月丙辰朔，至自長安，升舊殿，哀感流涕。謁于太廟。復皇后羊氏。辛未，大赦，改元。

秋七月乙酉朔，日有蝕之。太廟吏賈苞盜太廟靈衣及劍，伏誅。

八月，以太傅、東海王越錄尚書，驃騎將軍、范陽王虓爲司空。

九月，頓丘太守馮嵩執成都王穎，送之于鄴。進東嬴公騰爵爲東燕王，平昌公模爲南陽王。

冬十月，司空、范陽王虓薨。虓長史劉輿害成都王穎。

十一月庚午，帝崩于顯陽殿，時年四十八，葬太陽陵。

帝之爲太子也，朝廷咸知不堪政事，武帝亦疑焉。嘗悉召東宮官屬，使以尚書事令太子決之，帝不能對。賈妃遣左右代對，多引古義。給事張泓曰：「太子不學，陛下所知。今宜以事斷，不可引書。」妃從之。泓乃具草，令帝書之。武帝覽而大悅，太子遂安。及居大位，政出羣下，綱紀大壞，貨賂公行，勢位之家，以貴陵物，忠賢路絕，讒邪得志，更相薦舉，天下謂之互市焉。高平王沈作釋時論，南陽魯褒作錢神論，廬江杜嵩作任子春秋，〔四二〕皆疾時之作也。帝又嘗在華林園，聞蝦蟆聲，謂左右曰：「此鳴者爲官乎，私乎？」或對曰：「在官地爲官，在私地爲私。」及天下荒亂，百姓餓死，帝曰：「何不食肉糜？」其蒙蔽皆此類也。後因食麩中毒而崩，或云司馬越之鴆。

史臣曰：不才之子，則天稱大，權非帝出，政邇宵人。褒姒共叔帶並興，襄后與犬戎俱運。昔者，丹朱不肖，赧王逃責，相彼凶德，事關休咎，方乎土梗，以墜其情。溽暑之氣將闌，淫蠹之音罕記，乃彰嗤笑，用符顛隕。豈通才俊彥猶形于前代，增淫助虐獨擅于當今者歟？物號忠良，于茲拔本，人稱祆孽，自此疏源。長樂不祥，承華非命，生靈版蕩，社稷丘墟。古者敗國亡身，分鑣共軫，不有亂常，則多庸暗。豈明神喪其精魄，武皇不知其子也！

贊曰：惠皇居尊，臨朝聽言。厥體斯昧，其情則昏。高臺望子，長夜奚冤。金墉毀冕，蕩陰釋胄。及爾皆亡，滔天來遘。

校勘記

〔一〕永平元年　是年三月又改元「元康」，依例應作「元康元年」。此仍作「永平」，則三月改元後應出「元康」年號，使讀者明白自此以下至九年皆「元康之年」。紀文此處既用「永平」，下文又不出「元康」，似自此至九年皆屬「永平」矣。此爲史例之失。

〔二〕五月甲戌　五月癸未朔，此「甲戌」及下「壬午」均在四月，「五月」二字疑衍。

〔三〕太原王泓薨　本書太原成王輔傳「泓」作「弘」。且弘時已改中丘王。

〔四〕安昌公石鑒薨　通鑑考異：本傳封昌安縣侯。斠注：以石尠、石定二墓碣證之，「安昌」當作「昌安」。

〔五〕九月丙辰至東北竟天　九月甲午朔，甲午當在丙辰前。

〔六〕安西將軍夏侯駿　「駿」原作「俊」。周處傳、文選潘岳關中詩注引王隱晉書、魏志夏侯淵傳注引世語、通鑑八二敍此事此人並作「駿」，兹據改。

〔七〕隴西王泰薨　通鑑八三「隴西」作「高密」。通鑑考異：「本傳云：『泰爲尚書令，改封高密。』紀誤。」

〔八〕皇孫虨　愍懷太子傳「虨」作「彪」。

〔九〕略陽流人李庠害成都內史耿勝　「略陽」原作「洛陽」，依商榷校改。下永寧元年文及李特載記亦作「略陽」。「耿勝」，通鑑八三作「耿滕」。通鑑考異並云，李特載記及華陽國志均作「耿滕」。

〔一〇〕犍爲太守李密汶山太守霍固　通鑑考異：「按華陽國志，『犍爲太守李苾、汶山太守楊邠』，非密、固也。載記亦作『李苾』，蓋紀誤。」

〔一一〕平東將軍齊王冏　校文：據冏傳，時爲鎮東大將軍，故下癸亥詔文亦稱「鎮東」。

〔一二〕豫州刺史李毅　校文：考齊王冏傳，時豫州刺史爲何勖；成都王穎傳，毅則冀州刺史，「豫」當爲「冀」字之誤。按：通鑑八四「豫」正作「冀」。

〔一三〕路季小黄公　齊王冏傳、通鑑八四「路季」作「路秀」。

〔一四〕立吴王晏子國爲漢王　周校：據武十三王傳，「國」當作「固」。

〔一五〕下邳王韡薨　各本及音義皆作「韡」，宋本作「韓」。

〔一六〕以東平王楙爲平東將軍　「楙」原作「懋」。斠注：「懋」當從武紀及本傳、東海王越傳作「楙」。按：上文永平元年及音義、通鑑八四、通志一〇皆作「楙」，今據改。

〔一七〕丁丑　舉正：由上閏三月丙戌朔推之，丁丑當在八月。按：九月癸未朔，丁丑爲八月二十五日。

〔一八〕司空何劭薨　據紀及劭傳，上年四月劭遷司徒；據通鑑八四，本年正月遷太宰。此作「司空」，疑誤。

〔一九〕害廣漢太守張徵自號大將軍　華陽國志八、通鑑八四破德陽殺張徵皆繫於八月，在特稱大將軍之後。此並屬之五月，恐誤。又「張徵」李特載記作「張徵」。

〔二〇〕封東萊王蕤子炤爲齊王　「東萊王」原作「東萊侯」。周校：據本爵當作「東萊王」。按：周說是，今據上永寧元年文及通志一〇改。

〔二一〕正月甲子朔　正月乙亥朔，此誤。

〔二二〕三月李特攻陷益州荆州刺史宋岱擊特斬之　通鑑八五特攻陷益州在正月，斬特在二月。「宋岱」，羅尚傳、郭舒傳、孫旂傳、通鑑八五並作「宗岱」。

〔二三〕與晉侯羊玄之卒　校文：「侯」當從玄之傳作「公」。

〔二四〕賈崇　陸機傳作「賈棱」。

〔二五〕壬寅　是年十二月庚子朔，壬寅爲初三日。「壬寅」上當有「十二月」。下「丙辰」上，五行志下及宋書五行志五均有「十二月」可證。

〔二六〕甲子大赦　通鑑八五繫於永興元年。甲子爲正月二十六日。通鑑考異云：帝紀「太安二年十二月甲子大赦」，「永興元年正月大赦改元」疑是一事。

〔二七〕前南平內史王矩前吳興內史顧祕　周校：兩「內史」矩傳及周玘傳皆作「太守」。按：晉制，以郡爲國，內史治民事，若郡太守。國除爲郡，復稱太守。然二名往往混淆，史家亦互稱之。此其一例，後不悉舉。

〔二八〕李雄自郫城攻益州刺史羅尚　華陽國志八、通鑑八五均謂此事在閏十二月，此脫書月。

〔二九〕正月丙午尚書令樂廣卒　世說言語注引晉陽秋云，成都王起兵，長沙王猜廣，遂以憂卒。廣傳亦謂死于潁、乂遘難時。通鑑考異引晉春秋謂潁太安二年七月起兵，八月樂廣自裁。二年八月壬寅朔，亦有丙午日。

〔三〇〕高密王簡　按：通鑑八五「簡」作「略」。通鑑考異云宗室傳高密孝王略字元簡，蓋「簡」即「略」也。按：劉暾傳亦作「略」，蓋以字行。

〔三一〕庚申　原作「庚辰」。七月丙申朔，無庚辰，今從宋本改。

〔三二〕丙午　斠正：「丙午」書「辛丑」前，誤。按：十一月乙未朔，丙午爲十二日，辛丑爲初七。

〔三三〕安北將軍浚　「浚」原作「濬」。周校：安北將軍時爲王浚。今據懷紀、成都王穎傳及本傳改。

〔三四〕封其子紹爲樂平縣王　考異：齊王冏傳，永興初，赦其三子超、冰、英還第，封超爲縣王，以繼冏祀。超與紹本一人，轉寫之訛，當以「超」爲正。

〔三五〕詔封樂平王紹爲齊王　「紹」當作「超」，見前校。

〔三六〕八月辛丑　斠正：辛丑當在七月。

〔三七〕王曠　陳敏傳作「王廣」。

〔三八〕樓裒　河間王顒傳、通鑑八六皆作「樓褒」。

〔三九〕甲子　舉正：「正月戊子朔，不得有甲子日。」

〔四〇〕顒穎走南山奔于宛　顒傳及通鑑八六皆云顒單馬入太白山；穎傳謂穎自華陰趣武關。穎、顒所走異道，此「穎」字疑衍。

〔四一〕杜嵩　杜夷傳作「杜崧」。

晉書卷五

帝紀第五

孝懷帝

孝懷皇帝諱熾，字豐度，武帝第二十五子也。太熙元年，封豫章郡王。屬惠帝之時，宗室構禍，帝沖素自守，門絕賓游，不交世事，專玩史籍，有譽于時。初拜散騎常侍，及趙王倫篡，見收。倫敗，爲射聲校尉。累遷車騎大將軍、都督青州諸軍事，未之鎭。

永興元年，改授鎭北大將軍、都督鄴城守諸軍事。十二月丁亥，立爲皇太弟。帝以清河王覃本太子也，懼不敢當。典書令廬陵脩肅曰：「二相經營王室，志寧社稷，儲貳之重，宜歸時望，親賢之舉，非大王而誰？清河幼弱，未允衆心，是以既升東宮，復贊藩國。今乘輿播越，二宮久曠，常恐氐羌飲馬於涇川，螘衆控弦於霸水。宜及吉辰，時登儲副，上翼大駕，早寧東京，下允黔首喁喁之望。」帝曰：「卿，吾之宋昌也。」乃從之。

光熙元年十一月庚午，孝惠帝崩。羊皇后以於太弟爲嫂，不得爲太后，催清河王覃入，已至尚書閤，侍中華混等急召太弟。癸酉，卽皇帝位，大赦，尊皇后羊氏爲惠皇后，居弘訓宮，追尊所生太妃王氏爲皇太后，立妃梁氏爲皇后。

十二月壬午朔，日有食之。己亥，封彭城王植子融爲樂城縣王。南陽王模殺河間王顒于雍谷。辛丑，以中書監溫羨爲司徒，尚書左僕射王衍爲司空。己酉，葬孝惠皇帝于太陽陵。李雄別帥李離寇梁州。

永嘉元年春正月癸丑朔，〔一〕大赦，改元，除三族刑。以太傅、東海王越輔政，殺御史中丞諸葛玫。

二月辛巳，東萊人王彌起兵反，寇青、徐二州，長廣太守宋羆、東牟太守龐伉並遇害。

三月己未朔，〔二〕平東將軍周馥斬送陳敏首。丁卯，改葬武悼楊皇后。庚午，立豫章王詮爲皇太子。〔三〕辛未，大赦。庚辰，東海王越出鎭許昌。以征東將軍、高密王簡爲征南大將軍、都督荆州諸軍事，鎭襄陽；改封安北將軍、東燕王騰爲新蔡王、都督司冀二州諸軍事，鎭鄴；以征南將軍、南陽王模爲征西大將軍、都督秦雍梁益四州諸軍事，鎭長安。幷州諸郡爲劉元海所陷，刺史劉琨獨保晉陽。

夏五月，馬牧帥汲桑聚衆反，敗魏郡太守馮嵩，遂陷鄴城，害新蔡王騰。燒鄴宮，火旬日不滅。又殺前幽州刺史石尟於樂陵，入掠平原，山陽公劉秋遇害。洛陽步廣里地陷，有二鵝出，色蒼者沖天，白者不能飛。建寧郡夷攻陷寧州，死者三千餘人。

秋七月己酉朔，東海王越進屯官渡，以討汲桑。己未，以平東將軍、琅邪王睿爲安東將軍、都督揚州江南諸軍事、假節，鎮建鄴。

八月己卯朔，撫軍將軍苟晞敗汲桑於鄴。甲辰，曲赦幽、并、司、冀、兗、豫等六州。分荆州、江州八郡爲湘州。

九月戊申，苟晞又破汲桑，陷其九壘。辛亥，有大星如日，小者如斗，自西方流於東北，天盡赤，俄有聲如雷。始修千金堨於許昌以通運。

冬十一月戊申朔，日有蝕之。甲寅，以尚書右僕射和郁爲征北將軍，鎮鄴。

十二月戊寅，并州人田蘭、薄盛等斬汲桑於樂陵。甲午，以前太傅劉寔爲太尉。庚子，以光祿大夫、延陵公高光爲尚書令。東海王越矯詔囚清河王覃于金墉城。癸卯，越自爲丞相。以撫軍將軍苟晞爲征東大將軍。

二年春正月丙午朔，日有蝕之。丁未，大赦。

二月辛卯，清河王覃爲東海王越所害。庚子，石勒寇常山，安北將軍王浚討破之。

三月，東海王越鎮鄄城。劉元海侵汲郡，略有頓丘、河內之地。王彌寇青、徐、兗、豫四州。夏四月丁亥，入許昌，諸郡守將皆奔走。

五月甲子，彌遂寇洛陽，司徒王衍帥衆禦之，彌退走。

秋七月甲辰，劉元海寇平陽，太守宋抽奔京師，河東太守路述力戰，死之。

八月丁亥，東海王越自鄄城遷屯于濮陽。

九月，石勒寇趙郡，征北將軍和郁自鄴奔于衞國。

冬十月甲戌，劉元海僭帝號于平陽，仍稱漢。

十一月乙巳，尚書令高光卒；丁卯，以太子少傅荀藩爲尚書令。己酉，〔四〕石勒寇鄴，魏郡太守王粹戰敗，死之。

十二月辛未朔，大赦。立長沙王乂子碩爲長沙王，鑠爲臨淮王。

三年春正月甲午，〔五〕彭城王釋薨。

三月戊申，征南大將軍、高密王簡薨。以尚書左僕射山簡爲征南將軍、都督荊湘交廣等四州諸軍事，司隸校尉劉暾爲尚書左僕射。丁巳，東海王越歸京師。乙丑，勒兵入宮，於帝側收近臣中書令繆播、帝舅王延等十餘人，並害之。丙寅，曲赦河南郡。丁卯，太尉劉寔請老，以司徒王衍爲太尉。東海王越領司徒。劉元海寇黎陽，遣車騎將軍王堪擊之，王師敗績于延津，死者三萬餘人。大旱，江、漢、河、洛皆竭，可涉。

夏四月，左積弩將軍朱誕叛奔於劉元海。石勒攻陷冀州郡縣百餘壁。

秋七月戊辰，當陽地裂三所，各廣三丈，長三百餘步。辛未，平陽人劉芒蕩自稱漢後，誑誘羌戎，僭帝號於馬蘭山。支胡五斗叟、郝索聚衆數千爲亂，屯新豐，與芒蕩合黨。劉元海遣子聰及王彌寇上黨，圍壺關。并州刺史劉琨使兵救之，爲聰所敗。淮南內史王曠、將軍施融、曹超及聰戰，又敗，超、融死之。上黨太守龐淳以郡降賊。〔六〕

九月丙寅，劉聰圍浚儀，遣平北將軍曹武討之。丁丑，王師敗績。東海王越入保京城。聰至西明門，越禦之，戰于宣陽門外，大破之。石勒寇常山，安北將軍王浚使鮮卑騎救之，大破勒於飛龍山。征西大將軍、南陽王模使其將淳于定破劉芒蕩、五斗叟，並斬之。使車騎將軍王堪、平北將軍曹武討劉聰，王師敗績，堪奔還京師。李雄別帥羅羨以梓潼歸順。〔七〕劉聰攻洛陽西明門，不克。宜都夷道山崩，荆、湘二州地震。〔八〕

冬十一月，石勒陷長樂，安北將軍王斌遇害，因屠黎陽。乞活帥李惲、薄盛等帥衆救京師，聰退走。惲等又破王彌于新汲。

十二月乙亥，〔九〕夜有白氣如帶，自地升天，南北各二丈。

四年春正月乙丑朔，大赦。

二月，石勒襲鄄城，兗州刺史袁孚戰敗，爲其部下所害。勒又襲白馬，車騎將軍王堪死之。李雄將文碩殺雄大將軍李國，以巴西歸順。戊午，吳興人錢璯反，自稱平西將軍。

三月，丞相倉曹屬周玘帥鄉人討璯，斬之。

夏四月，大水。〔一〇〕將軍祁弘破劉元海將劉靈曜于廣宗。〔一一〕李雄陷梓潼。兗州地震。

五月，石勒寇汲郡，執太守胡寵，遂南濟河，滎陽太守裴純奔建鄴。大風折木。地震。

六月，劉元海死，其子和嗣僞位，和弟聰弒和而自立。

秋七月，劉聰從弟曜及其將石勒圍懷，詔征虜將軍宋抽救之，爲曜所敗，抽死之。

九月，河內人樂仰執太守裴整叛，降于石勒。徐州監軍王隆自下邳棄軍奔于周馥。雍州人王如舉兵反于宛，殺害令長，自號大將軍、司雍二州牧，大掠漢沔，新平人龐寔、馮翊人嚴嶷、京兆人侯脫等各起兵應之。征南將軍山簡、荆州刺史王澄、南中郎將杜蕤並遣兵援京師，及如戰于宛，諸軍皆大敗；王澄獨以衆進至沶口，衆潰而歸。

冬十月辛卯，晝昏，至于庚子。大星西南墜，有聲。壬寅，石勒圍倉垣，陳留內史王讚擊敗之，勒走河北。壬子，以驃騎將軍王浚爲司空，平北將軍劉琨爲平北大將軍。京師饑。東海王越羽檄徵天下兵，帝謂使者曰：「爲我語諸征鎮，若今日，尚可救，後則無逮矣。」時莫有至者。石勒陷襄城，太守崔曠遇害，遂至宛。王浚遣鮮卑文鴦帥騎救之，勒退。浚又遣別將王申始討勒于汶石津，〔一二〕大破之。

十一月甲戌，東海王越帥衆出許昌，以行臺自隨。宮省無復守衞，荒饉日甚，殿內死人交橫，府寺營署並掘塹自守，盜賊公行，枹鼓之音不絕。越軍次項，自領豫州牧，以太尉王衍爲軍司。丁丑，流氐隗伯等襲宜都，〔一三〕太守嵇晞奔建鄴。王申始攻劉曜、王彌于瓶壘，破之。鎮東將軍周馥表迎大駕遷都壽陽，越使裴碩討馥，〔一四〕爲馥所敗，走保東城，請救于琅邪王睿。襄陽大疫，死者三千餘人。加涼州刺史張軌安西將軍。〔一五〕

十二月，征東大將軍苟晞攻王彌別帥曹嶷，破之。乙酉，〔一六〕平陽人李洪帥流人入定陵作亂。

五年春正月，帝密詔苟晞討東海王越。壬申，晞爲曹嶷所破。乙未，〔一七〕越遣從事中郎將楊瑁、徐州刺史裴盾共擊晞。癸酉，勒入江夏，太守楊珉奔于武昌。〔一八〕乙亥，李雄攻陷涪城，梓潼太守譙登遇害。湘州流人杜弢據長沙反。〔一九〕戊寅，安東將軍、琅邪王睿使將軍甘卓攻鎮東將軍周馥于壽春，馥衆潰。庚辰，太保、平原王幹薨。

二月，石勒寇汝南，汝南王祐奔建鄴。

三月戊午，詔下東海王越罪狀，告方鎮討之。以征東大將軍苟晞爲大將軍。丙子，東海王越薨。

四月戊子，石勒追東海王越喪，及于東郡，〔二〇〕將軍錢端戰死，軍潰，太尉王衍、吏部尚書劉望、廷尉諸葛銓、尚書鄭豫、武陵王澹等皆遇害，王公已下死者十餘萬人。東海世子毗及宗室四十八王尋又沒于石勒。賊王桑、冷道陷徐州，刺史裴盾遇害，桑遂濟淮，至于歷陽。

五月，益州流人汝班、梁州流人蹇撫作亂于湘州，虜刺史苟眺，〔二一〕南破零、桂諸郡，東掠武昌，安城太守郭察、〔二二〕邵陵太守鄭融、衡陽內史滕育並遇害。進司空王浚爲大司馬，征西大將軍、南陽王模爲太尉，太子太傅傅祗爲司徒，尚書令荀藩爲司空，安東將軍、琅邪王睿爲鎮東大將軍。

東海王越之出也，使河南尹潘滔居守。大將軍苟晞表遷都倉垣，帝將從之，諸大臣畏滔，不敢奉詔，且宮中及黃門戀資財，不欲出。至是饑甚，人相食，百官流亡者十八九。帝召羣臣會議，將行而警衞不備。帝撫手歎曰：「如何曾無車輿！」乃使司徒傅祗出詣河陰，修理舟楫，爲水行之備。朝士數十人導從。帝步出西掖門，至銅駝街，爲盜所掠，不得進而還。

六月癸未，〔三〕劉曜、王彌、石勒同寇洛川，王師頻爲賊所敗，死者甚衆。庚寅，司空荀藩、光祿大夫荀組奔轘轅，太子左率溫畿夜開廣莫門奔小平津。丁酉，劉曜、王彌入京師。帝開華林園門，出河陰藕池，欲幸長安，爲曜等所追及。曜等遂焚燒宮廟，逼辱妃后，吳王晏、竟陵王楙、尚書左僕射和郁、〔四〕右僕射曹馥、尚書閭丘沖、袁粲、王緄、河南尹劉默等皆遇害，百官士庶死者三萬餘人。帝蒙塵于平陽，劉聰以帝爲會稽公。荀藩移檄州鎮，以琅邪王爲盟主。豫章王端東奔苟晞，晞立爲皇太子，自領尚書令，具置官屬，保梁國之蒙縣。百姓饑儉，米斛萬餘價。

秋七月，大司馬王浚承制假立太子，置百官，署征鎮。石勒寇穀陽，沛王滋戰敗遇害。

八月，劉聰使子粲攻陷長安，太尉、征西將軍、南陽王模遇害，長安遺人四千餘家奔漢中。

九月癸亥，石勒襲陽夏，至於蒙縣，大將軍苟晞、豫章王端並沒于賊。

冬十月，勒寇豫州諸郡，至江而還。

十一月，猗盧寇太原，平北將軍劉琨不能制，徙五縣百姓於新興，以其地居之。

六年春正月，帝在平陽。劉聰寇太原。故鎭南府牙門將胡亢聚衆寇荆土，自號楚公。

二月壬子，日有蝕之。癸丑，鎭東大將軍、琅邪王睿上尚書，檄四方以討石勒。大司馬王浚移檄天下，稱被中詔承制，以荀藩爲太尉。汝陽王熙爲石勒所害。〔二五〕

夏四月丙寅，征南將軍山簡卒。

秋七月，歲星、熒惑、太白聚于牛斗。〔二六〕石勒寇冀州。劉粲寇晉陽，平北將軍劉琨遣部將郝詵帥衆禦粲，詵敗績，死之，太原太守高喬以晉陽降粲。

八月庚戌，劉琨奔于常山。己亥，〔二七〕陰平都尉董沖逐太守王鑒，以郡叛降于李雄。辛亥，劉琨乞師于猗盧，表盧爲代公。

九月己卯，猗盧使子利孫赴琨，不得進。辛巳，前雍州刺史賈疋討劉粲於三輔，走之，關中小定，乃與衞將軍梁芬、京兆太守梁綜共奉秦王鄴爲皇太子於長安。

冬十月，猗盧自將六萬騎次于盂城。

十一月甲午，劉粲遁走，劉琨收其遺衆，保于陽曲。

是歲大疫。

七年春正月，劉聰大會，使帝著青衣行酒。侍中庾珉號哭，聰惡之。丁未，帝遇弑，〔二八〕崩于平陽，時年三十。

帝初誕，有嘉禾生于豫章之南昌。先是望氣者云「豫章有天子氣」，其後竟以豫章王爲皇太弟。在東宮，恂恂謙損，接引朝士，講論書籍。及卽位，始遵舊制，臨太極殿，使尚書郎讀時令，又於東堂聽政。至於宴會，輒與羣官論衆務，考經籍。黄門侍郎傅宣歎曰：「今日復見武帝之世矣！」秘書監荀崧又常謂人曰：「懷帝天姿清劭，少著英猷，若遭承平，足爲守文佳主。而繼惠帝擾亂之後，東海專政，無幽厲之釁，而有流亡之禍。」

孝愍帝

孝愍皇帝諱鄴，字彦旗，武帝孫，吳孝王晏之子也。出繼後伯父秦獻王柬，襲封秦王。永嘉二年，拜散騎常侍、撫軍將軍。及洛陽傾覆，避難於滎陽密縣，與舅荀藩、荀組相遇，自密南趨許潁。豫州刺史閻鼎與前撫軍長史王毗、司徒長史劉疇、中書郎李昕及藩、組等同謀奉帝歸於長安，〔二九〕而疇等中塗復叛，鼎追殺之，藩、組僅而獲免。鼎遂挾帝乘牛車，自宛趣武關，頻遇山賊，士卒亡散，次于藍田。鼎告雍州刺史賈疋，疋遽遣州兵迎衞，達于長安，又使輔國將軍梁綜助守之。時有玉龜出霸水，神馬鳴城南焉。

六年九月辛巳，奉秦王爲皇太子，登壇告類，建宗廟社稷，大赦。加疋征西大將軍，以秦州刺史、南陽王保爲大司馬。賈疋討賊張連，遇害，衆推始平太守麴允領雍州刺史，爲盟主，承制選置。

建興元年夏四月丙午，奉懷帝崩問，舉哀成禮。壬申，卽皇帝位，大赦，改元。以衞將軍梁芬爲司徒，雍州刺史麴允爲使持節、領軍將軍、錄尙書事，京兆太守索綝爲尙書右僕射。石勒攻龍驤將軍李惲於上白，惲敗，死之。

五月壬辰，以鎭東大將軍、琅邪王睿爲侍中、左丞相、大都督陝東諸軍事，大司馬、南陽王保爲右丞相、大都督陝西諸軍事。又詔二王曰：「夫陽九百六之厄，雖在盛世，猶或遘之。朕以幼沖，纂承洪緒，庶憑祖宗之靈，羣公義士之力，蕩滅凶寇，拯拔幽宮，瞻望未達，肝心分裂。昔周邵分陝，姬氏以隆；平王東遷，晉鄭爲輔。今左右丞相茂德齊聖，國之昵屬，當恃二公，掃除鯨鯢，奉迎梓宮，克復中興。令幽、并兩州勒卒三十萬，直造平陽。右丞相宜帥秦、涼、梁、雍武旅三十萬，徑詣長安。左丞相帥所領精兵二十萬，徑造洛陽。分遣前鋒，爲幽并後駐。赴同大限，克成元勳。」

又詔琅邪王曰：「朕以沖昧，纂承洪緒，未能梟夷凶逆，奉迎梓宮，枕戈煩冤，肝心抽裂。

前得魏浚表，知公帥先三軍，已據壽春，傳檄諸侯，協齊威勢，想今漸進，已達洛陽。涼州刺史張軌，乃心王室，連旗萬里，已到汧隴；梁州刺史張光，亦遣巴漢之卒，屯在駱谷；秦川驍勇，其會如林。間遣使適還，具知平陽定問，云幽并隆盛，餘胡衰破，然猶恃險，當須大舉。未知公今所到，是以息兵秣馬，未便進軍。今爲已至何許，當須來旨，便乘輿自出，會除中原也。公宜思弘謀猷，勖濟遠略，使山陵旋反，四海有賴。故遣殿中都尉劉蜀、〔三〇〕蘇馬等具宣朕意。公茂德昵屬，宣隆東夏，恢融六合，非公而誰！但洛都陵廟，不可空曠，公宜鎮撫，以綏山東。右丞相當入輔弼，追蹤周邵，以隆中興也。」

六月，石勒害兗州刺史田徽。是時，山東郡邑相繼陷于勒。

秋八月癸亥，劉蜀等達于揚州。改建鄴爲建康，改鄴爲臨漳。杜弢寇武昌，焚燒城邑。弢別將王眞襲沌陽，〔三一〕荊州刺史周顗奔于建康。

九月，司空荀藩薨于滎陽。劉聰寇河南，河南尹張髦死之。

冬十月，荊州刺史陶侃討杜弢黨杜曾於石城，爲曾所敗。己巳，大雨雹。庚午，大雪。

十一月，流人楊武攻陷梁州。

十二月，河東地震，雨肉。

二年春正月己巳朔，黑霧著人如墨，連夜，五日乃止。辛未，辰時日隕于地。又有三日相承，出於西方而東行。丁丑，大赦。楊武大略漢中，遂奔李雄。

二月壬寅，以司空王浚爲大司馬，衞將軍荀組爲司空，涼州刺史張軌爲太尉，封西平郡公，幷州刺史劉琨爲大將軍。

三月癸酉，石勒陷幽州，殺侍中、大司馬、幽州牧、博陵公王浚，焚燒城邑，害萬餘人。杜弢別帥王眞襲荆州刺史陶侃於林鄣，侃奔灄中。

夏四月甲辰，地震。

五月壬辰，太尉、領護羌校尉、涼州刺史、西平公張軌薨。

六月，劉曜、趙冉寇新豐諸縣，〔三二〕安東將軍索綝討破之。

秋七月，曜、冉等又逼京都，領軍將軍麴允討破之，冉中流矢而死。

九月，北中郎將劉演克頓丘，〔三三〕斬石勒所署太守邵攀。丙戌，麟見襄平。單于代公猗盧遣使獻馬。蒲子馬生人。

三年春正月，盜殺晉昌太守趙珮。吳興人徐馥害太守袁琇。以侍中宋哲爲平東將軍，屯華陰。

二月丙子，進左丞相、琅邪王睿爲大都督、督中外諸軍事，〔三四〕右丞相、南陽王保爲相國，司空荀組爲太尉，大將軍劉琨爲司空。進封代公猗盧爲代王。荆州刺史陶侃破王眞於巴陵。杜弢別將杜弘、張彥與臨川內史謝摛戰于海昬，摛敗績，死之。

三月，豫章內史周訪擊杜弘，走之，斬張彥於陳。

夏四月，大赦。

五月，劉聰寇并州。

六月，盜發漢霸、杜二陵及薄太后陵，太后面如生，得金玉綵帛不可勝記。時以朝廷草創，服章多闕，敕收其餘，以實內府。丁卯，地震。〔三五〕辛巳，大赦。敕雍州掩骼埋胔，修復陵墓，有犯者誅及三族。

秋七月，石勒陷濮陽，害太守韓弘。劉聰寇上黨，劉琨遣將救之。

八月癸亥，戰于襄垣，王師敗績。荆州刺史陶侃攻杜弢，弢敗走，道死，湘州平。

九月，劉曜寇北地，命領軍將軍麴允討之。

冬十月，允進攻青白城。〔三六〕以豫州牧、征東將軍索綝爲尚書僕射、都督宮城諸軍事。劉聰陷馮翊，太守梁肅奔萬年。

十二月，涼州刺史張寔送皇帝行璽一紐。盜殺安定太守趙班。

四年春三月，代王猗盧薨，其衆歸于劉琨。

夏四月丁丑，劉曜寇上郡，太守籍韋率其衆奔于南鄭。涼州刺史張寔遣步騎五千來赴京都。石勒陷廩丘，北中郎將劉演出奔。

五月，平夷太守雷炤害南廣太守孟桓，帥二郡三千餘家叛，降于李雄。

六月丁巳朔，日有蝕之。大蝗。

秋七月，劉曜攻北地，麴允帥步騎三萬救之。王師不戰而潰，北地太守麴昌奔于京師。曜進至涇陽，渭北諸城悉潰，建威將軍魯充、散騎常侍梁緯、少府皇甫陽等皆死之。

八月，劉曜逼京師，內外斷絕，鎮西將軍焦嵩、平東將軍宋哲、始平太守竺恢等同赴國難，〔三七〕麴允與公卿守長安小城以自固，散騎常侍華輯監京兆、馮翊、弘農、上洛四郡兵東屯霸上，鎮軍將軍胡崧帥城西諸郡兵屯遮馬橋，並不敢進。

冬十月，京師饑甚，米斗金二兩，人相食，死者太半。太倉有麴數十䴵，麴允屑爲粥以供帝，至是復盡。帝泣謂允曰：「今窘厄如此，外無救援，死于社稷，是朕事也。然念將士暴離斯酷，今欲聞城未陷爲羞死之事，庶令黎元免屠爛之苦。行矣遣書，朕意決矣。」

十一月乙未，使侍中宋敞送牋于曜，〔三八〕帝乘羊車，肉袒銜璧，輿櫬出降。羣臣號泣攀車，執帝之手，帝亦悲不自勝。御史中丞吉朗自殺。曜焚櫬受璧，使宋敞奉帝還宮。初，有童謠曰：「天子何在豆田中。」〔三九〕時王浚在幽州，以豆有藿，殺隱士霍原以應之。及帝如曜營，營實在城東豆田壁。辛丑，帝蒙塵于平陽，麴允及羣官並從。劉聰假帝光祿大夫、懷安侯。壬寅，聰臨殿，帝稽首于前，麴允伏地慟哭，因自殺。尚書梁允、〔四〇〕侍中梁濬、散騎常侍嚴敦、左丞臧振、〔四一〕黃門侍郎任播、張偉、杜曼及諸郡守並爲曜所害，華輯奔南山。石勒圍樂平，司空劉琨遣兵援之，爲勒所敗，樂平太守韓據出奔。〔四二〕司空長史李弘以并州叛，降于勒。

十二月乙卯朔，〔四三〕日有蝕之。己未，劉琨奔薊，依段匹磾。

五年春正月，帝在平陽。庚子，虹霓彌天，三日並照。平東將軍宋哲奔江左。李雄使其將李恭、羅寅寇巴東。

二月，劉聰使其將劉暢攻滎陽，太守李矩擊破之。〔四四〕

三月，琅邪王睿承制改元，稱晉王于建康。

夏五月丙子，日有蝕之。〔四五〕

秋七月，大旱，司、冀、青、雍等四州螽蝗。石勒亦競取百姓禾，時人謂之「胡蝗」。

八月，劉聰使趙固襲衞將軍華薈于定潁，〔四六〕遂害之。

冬十月丙子，日有蝕之。〔四七〕劉聰出獵，令帝行車騎將軍，戎服執戟爲導，百姓聚而觀之，故老或歔欷流涕，聰聞而惡之。聰後因大會，使帝行酒洗爵，反而更衣，又使帝執蓋，晉臣在坐者多失聲而泣，尚書郎辛賓抱帝慟哭，爲聰所害。

十二月戊戌，帝遇弒，崩于平陽，時年十八。帝之繼皇統也，屬永嘉之亂，天下崩離，長安城中戶不盈百，牆宇頹毁，蒿棘成林。朝廷無車馬章服，唯桑版署號而已。衆唯一旅，公私有車四乘，器械多闕，運饋不繼。巨猾滔天，帝京危急，諸侯無釋位之志，征鎭闕勤王之舉，故君臣窘迫，以至殺辱云。

史臣曰：昔炎暉杪暮，英雄多假于宗室；金德韜華，顚沛共推于懷愍。樊陽寂寥，〔四八〕兵車靡會，豈力不足而情有餘乎？喋喋遺萌，苟存其主，譬彼詩人，愛其棠樹。夫有非常之事，而無非常之功，詳觀發迹，用非天啓，是以輿棺齒劍，可得而言焉。于是五嶽三塗，並皆淪寇，龍州、牛首，故以立君。股肱非挑戰之秋，劉石有滔天之勢，療飢中斷，嬰戈外絕，兩京淪狄，再駕徂戎。周王隕首於驪峰，衞公亡肝於淇上，思爲一郡，其可得乎！干寶有言曰：

昔高祖宣皇帝以雄才碩量，應時而仕，值魏太祖創基之初，籌畫軍國，嘉謀屢中，遂服輿軫，驅馳三世。性深阻有若城府，而能寬綽以容納；行任數以御物，而知人善采拔。故賢愚咸懷，大小畢力。爾乃取鄧艾于農瑣，引州泰于行役，委以文武，各善其事。故能西禽孟達，東舉公孫，內夷曹爽，外襲王淩。神略獨斷，征伐四克，維御羣后，大權在己。于是百姓與能，大象始構。

世宗承基，太祖繼業，玄豐亂內，欽誕寇外，潛謀雖密，而在機必兆；淮浦再擾，而許洛不震：咸黜異圖，用融前烈。然後推轂鍾鄧，長驅庸蜀，三關電埽，而劉禪入臣，天符人事，於是信矣。始當非常之禮，終受備物之錫。至于世祖，遂享皇極。仁以厚下，儉以足用，和而不弛，寬而能斷，故民詠維新，四海悅勸矣。聿修祖宗之志，思輯戰國之苦。腹心不同，公卿異議，而獨納羊祜之策，杖王杜之決，役不二時，江湘來同。掩唐虞之舊域，班正朔於八荒，天下書同文，車同軌，牛馬被野，餘糧委畝，故于時有「天下無窮人」之諺。雖太平未洽，亦足以明吏奉其法，民樂其生矣。

武皇既崩，山陵未乾，而楊駿被誅，母后廢黜。尋以二公、楚王之變，宗子無維城之助，師尹無具瞻之貴，至乃易天子以太上之號，而有免官之謠。民不見德，惟亂是聞，朝爲伊周，夕成桀蹠，善惡陷於成敗，毀譽脅於世利，內外混淆，庶官失才，名實反錯，天綱解紐。國政迭移於亂人，禁兵外散於四方，方岳無鈞石之鎮，關門無結草之固。李辰、石冰傾之於荆楊，元海、王彌撓之於青冀，戎羯稱制，二帝失尊，何哉？樹立失權，託付非才，四維不張，而苟且之政多也。

夫作法於治，其弊猶亂；作法於亂，誰能救之！彼元海者，離石之將兵都尉；王彌者，青州之散吏也。蓋皆弓馬之士，驅走之人，非有吳先主、諸葛孔明之能也；新起之寇，烏合之衆，非吳蜀之敵也；脫耒爲兵，裂裳爲旗，非戰國之器也；自下逆上，非鄰國之勢也。然而擾天下如驅羣羊，舉二都如拾遺芥，將相王侯連頸以受戮，后嬪妃主虜辱於戎卒，豈不哀哉！天下，大器也；羣生，重畜也。愛惡相攻，利害相奪，其勢常也。若積水于防，燎火于原，未嘗暫靜也。器大者，不可以小道治；勢重者，不可以爭競擾。古先哲王知其然也，是以扞其大患，禦其大災。百姓皆知上德之生已，而不謂浚己以生也，是以感而應之，悅而歸之，如晨風之鬱北林，龍魚之趣藪澤也。然後設禮文以理之，斷刑罰以威之，謹好惡以示之，審禍福以喻之，求明察以官之，篤慈愛以固之。故衆知向方，皆樂其生而哀其死，悅其教而安其俗；君子勤禮，小人盡力，廉恥篤於家閭，邪辟消於胸懷。故其民有見危以授命，而不求生以害義，又況可奮臂大呼，聚之以干紀作亂乎！基廣則難傾，根深則難拔，理節則不亂，膠結則不遷，是以昔之有天下者之所以長久也。夫豈無僻主，賴道德典刑以維持之也。

昔周之興也，后稷生於姜嫄，而天命昭顯，文武之功起於后稷。至於公劉，遭夏人之亂，〔四九〕去邰之豳，身服厥勞。至於太王，爲戎翟所逼，而不忍百姓之命，杖策而去之。故從之如歸市，一年成邑，二年成都，三年五倍其初。至于王季，能貊其德音；至于文王，而維新其命。由此觀之，周家世積忠厚，仁及草木，內隆九族，外尊事黃耇，以成其福祿者也。而其妃后躬行四教，尊敬師傅，服澣濯之衣，修煩辱之事，化天下以成婦道。是以漢濱之女，守潔白之志，中林之士，有純一之德，始於憂勤，終於逸樂。以三聖之知，伐獨夫之紂，猶正其名教，曰逆取順守。及周公遭變，陳后稷先公風化之所由，致王業之艱難者，則皆農夫女工衣食之事也。故自后稷之始基靖民，十五王而文始平之，十六王而武始居之，十八王而康克安之。故其積基樹本，經緯禮俗，節理人情，恤隱民事，如此之纏緜也。

今晉之興也，功烈於百王，事捷於三代。宣景遭多難之時，誅庶孽以便事，不及修公劉、太王之仁也。受遺輔政，屢遇廢置，故齊王不明，不獲思庸於亳；高貴沖人，不得復子明辟也。二祖逼禪代之期，不暇待參分八百之會也。是其創基立本，異於先代者也。加以朝寡純德之人，鄉乏不貳之老，風俗淫僻，恥尚失所，學者以老莊爲宗而黜六經，談者以虛蕩爲辨而賤名檢，行身者以放濁爲通而狹節信，進仕者以苟得爲貴而鄙居正，當官者以望空爲高而笑勤恪。是以劉頌屢言治道，傅咸每糾邪正，皆謂之俗吏；其倚杖虛曠，依阿無心者皆名重海內。若夫文王日旰不暇食，仲山甫夙夜匪懈者，蓋共嗤黜以爲灰塵矣。由是毀譽亂于善惡之實，情慝奔于貨欲之塗。選者爲人擇官，官者爲身擇利，而執鈞當軸之士，身兼官以十數。大極其尊，小錄其要，而世族貴戚之子弟，陵邁超越，不拘資次。悠悠風塵，皆奔競之士，列官千百，無讓賢之舉。子眞著崇讓而莫之省，子雅制九班而不得用。其婦女，莊櫛織紝皆取成於婢僕，未嘗知女工絲枲之業，中饋酒食之事也。先時而婚，任情而動，故皆不恥淫泆之過，不拘妬忌之惡，父兄不之罪也，天下莫之非也。又況責之聞四教於古，修貞順於今，以輔佐君子者哉！禮法刑政於此大壞，如水斯積而決其隄防，如火斯畜而離其薪燎也。國之將亡，本必先顛，其此之謂乎！

故觀阮籍之行，而覺禮教崩弛之所由也。察庾純、賈充之爭，而見師尹之多僻；考平吳之功，而知將帥之不讓；思郭欽之謀，而寤戎狄有釁；覽傅玄、劉毅之言，而得百官之邪；核傅咸之奏、錢神之論，而覩寵賂之彰。民風國勢如此，雖以中庸之才，守文之主治之，辛有必見之於祭祀，季札必得之於聲樂，范燮必爲之請死，賈誼必爲之痛哭，又況我惠帝以放蕩之德臨之哉！懷帝承亂得位，羈於强臣，愍帝奔播之後，徒廁其虛名，天下之政既去，非命世之雄才，不能取之矣！淳耀之烈未渝，故大命重集於中宗元皇帝。

贊曰：懷佩玉璽，愍居黃屋。鼇墜三山，鯨吞九服。獯入金商，穹居未央。圜顱盡仆，方趾咸僵。大夫反首，徙我平陽。主憂臣哭，于何不臧！

校勘記

〔一〕正月癸丑朔　正月壬子朔，非癸丑。

〔二〕三月己未朔　三月辛亥朔，己未乃月之初九日，疑此「朔」字爲衍文。

〔三〕立豫章王詮爲皇太子　清河康王傳「詮」作「銓」。

〔四〕己酉　己酉在丁卯前，此失日序。

〔五〕正月甲午　上月辛未朔，甲午爲上年十二月二十四日，是年正月不得有甲午。

〔六〕龐淳　劉琨傳作「龔醇」。

〔七〕羅羨　李雄載記、華陽國志八皆作「羅羕」，疑是。

〔八〕劉聰攻洛陽至地震　據通鑑八七，聰攻洛陽在十月，梓潼降亦在十月；又據五行志下、宋書五行志五，山崩、地震並在十月。紀混十月事於九月，失之。

〔九〕十二月乙亥　十二月乙未朔，無乙亥。殿本天文志下作「十一月」。

〔一〇〕大水　據五行志上、宋書五行志四，「大水」上當有「江東」二字。

〔一一〕劉靈曜　通鑑八七作「劉靈」，無「曜」字。斠注據御覽三八六引趙書有劉靈，爲元海之將，因謂此「曜」字衍。按：石勒載記有劉零，卽此人，此「曜」字蓋衍文。

〔一二〕王申始　石勒載記作「王甲始」，下同。

〔一三〕流氏隗伯等襲宜都　「伯」下原有「苻」字。舉正據通鑑八五有「氐苻成隗伯」之文，謂此「苻」下少一「成」字。按：隗伯、苻成二人，此僅舉其一，今據宋本删「苻」字。

〔一四〕裴碩討馥　「裴碩」原作「裴頠」。周校：「裴頠」馥傳作「裴碩」。惠帝時頠已爲趙王倫所害，此時不得復存。按：周說是，兹據馥傳及通鑑八七改。

〔一五〕加涼州刺史張軌安西將軍　通鑑八七從軌傳「安西」作「鎭西」。通鑑考異云：惠帝永興二年已加軌安西將軍。

〔一六〕乙酉　舉正：「案通鑑長曆，是年八月辛卯朔，十二月不當有乙酉。」

〔一七〕乙未　「乙未」爲二月初八，下文「癸酉」爲正月十五，「乙亥」爲正月十七；「乙未」不當在「癸酉」、「乙亥」之前，失序。

〔一八〕楊珉　石勒載記作「楊岠」。

〔一九〕湘州流人杜弢據長沙反　杜弢傳敘此事與紀文不同，杜弢既非流人，入長沙又在五月。通鑑述此事本杜弢傳，當以傳爲確。

〔二〇〕及于東郡　舉正：東郡是時已省，越傳作「苦縣」。按：通鑑八七亦作「苦縣」。胡注云「苦縣屬陳郡」，疑此「東」字乃「陳」字之誤。

〔二一〕荀眺　杜弢傳、通鑑八七並作「苟眺」。

〔二二〕安城太守郭察　周校：地理志、杜弢傳「安城」俱作「安成」。

〔二三〕六月癸未　舉正：通鑑此日在五月。按：五月丁巳朔，癸未爲二十七日。下文「庚寅」，始入六月，六月丁亥朔，庚寅爲初四，「六月」二字當移于「庚寅」上。

〔二四〕和郁　傅祇傳謂洛陽陷後，和郁與傅宣徵義兵，苟晞傳、和郁傳均謂郁奔晞，則和郁此時未死，疑紀文有誤。

〔二五〕汝陽王熙　「汝陽」原作「汝陰」。周校：「汝陽」誤「汝陰」，武十三王傳別有汝陰王謨。按：熙傳云：「熙初封汝陽公，進爵爲王。永嘉末沒於石勒。」今據改。

〔二六〕歲星熒惑太白聚于牛斗　考異：據元紀及王廙傳，此脫「鎮星」。按：天文志中、宋書天文志二、御覽七引中興書並有「鎮星」。

〔二七〕己亥　上文有八月庚戌，據長曆，庚戌爲朔日，則此月不得有己亥。

〔二八〕丁未帝遇弒　校文：御覽一九〇（按當作一一九）引前趙錄作「二月丁未」，通鑑同。按：正月丁丑朔，丁未宜在二月。

〔二九〕李昕　斠正：「昕」，閻鼎傳作「晅」，王浚傳、通鑑八七作「絚」。

〔三〇〕殿中都尉　「尉」原作「督」，宋本及通鑑八八作「尉」。無論殿中都尉或殿中都督，職官志均未載，輿服志大駕鹵簿有殿中都尉，今從宋本。

〔三一〕王眞　陶侃傳、通鑑八八並作「王貢」。

〔三二〕趙冉　斠注：南陽王模、苟晞、索綝、麴允諸傳及劉聰載記俱作「趙染」。按：通鑑八九及御覽四五四引前趙錄亦作「趙染」，但劉琨傳又作「趙冉」。

〔三三〕劉演　原作「劉寅」。周校：卽劉琨傳及石勒載記之劉演。按：元紀勸進表有定襄侯劉演，亦卽此人。今據改。下四年「劉演」同。

〔三四〕進左丞相琅邪王睿爲大都督督中外諸軍事　據元紀、通鑑八九，「大都督」上當有「丞相」二字。此廢左右丞相，由左丞相而爲丞相，故言「進」。若無「丞相」二字，依史文例，只能言「加」。

〔三五〕地震　校文：五行志作「長安地震」，此脫「長安」二字。

〔三六〕青白城　麴允傳亦作「青白城」，斠注：當從劉聰載記作「黃白城」。

〔三七〕始平太守竺恢　周校：「始平」一作「新平」。魏允傳新平太守竺恢與始平太守楊像並列，一時不得有兩始平太守，宜作「新平」爲是。

〔三八〕宋敞　通鑑八九作「宗敞」。通鑑考異云從晉春秋。

〔三九〕天子何在豆田中　類聚八五、御覽八四一引王隱晉書作「天子在何許？近在豆田中」。紀文省約，不似童謠矣。

〔四〇〕尚書梁允　「梁允」上本有「辛賓」二字。杭世駿諸史然疑：「辛賓」二字衍。按：下文五年述尚書郎辛賓抱帝慟哭，足證辛賓死在後，因據删。

〔四一〕左丞臧振　「左丞」原作「左丞相」，此時左丞相已廢，且按所叙諸人次序，臧振非「左丞相」可知，「相」字衍文，因删。

〔四二〕韓據　「據」原作「璩」，據宋本及通鑑八九、通志一〇上改。

〔四三〕十二月乙卯朔　「乙卯」原作「甲申」，通鑑考異云：帝紀、天文志皆誤作「甲申朔」。宋志作「乙卯朔」，與長曆合。按：通鑑考異説是，今據通鑑八九改。

〔四四〕李矩　「矩」原作「距」，今據本傳、祖逖傳、郭默傳、劉聰載記及通鑑九〇改。

〔四五〕五月丙子日有蝕之　通鑑考異云：帝紀、天文志皆云「五月丙子日食」，按長曆是月壬午朔，無丙子。

〔四六〕襲衛將軍華薈于定潁　校文：「定潁」當作臨潁。按：據薈傳，薈時適避居其弟潁川太守華恒所，因而遇害。臨潁屬潁川，若定潁則屬汝南矣。以作「臨潁」爲是。

〔四七〕冬十月丙子日有蝕之　宋本作「十一月丙子」，天文志中同。通鑑九〇作「十一月己酉朔，日有蝕之」。通鑑考異謂長曆是月己酉朔。

〔四八〕樊陽寂寥　「樊陽」疑當作「陽樊」，句蓋謂時無勤王之師也。「陽樊」見左傳僖公二十五年。

〔四九〕至於公劉遭夏人之亂　文選晉紀總論「夏人」作「狄人」。

晉書卷六

帝紀第六

元帝

元皇帝諱睿，字景文，宣帝曾孫，琅邪恭王覲之子也。咸寧二年生於洛陽，有神光之異，一室盡明，所藉藁如始刈。及長，白豪生於日角之左，隆準龍顏，目有精曜，顧眄煒如也。年十五，嗣位琅邪王。幼有令問。及惠皇之際，王室多故，帝每恭儉退讓，以免於禍。沈敏有度量，不顯灼然之迹，故時人未之識焉。惟侍中嵇紹異之，謂人曰：「琅邪王毛骨非常，殆非人臣之相也。」

元康二年，拜員外散騎常侍。累遷左將軍，從討成都王穎。蕩陰之敗也，叔父東安王繇爲穎所害。帝懼禍及，將出奔。其夜月正明，而禁衞嚴警，帝無由得去，甚窘迫。有頃，雲霧晦冥，雷雨暴至，徼者皆弛，因得潛出。穎先令諸關無得出貴人，帝既至河陽，爲津吏所止。從者宋典後來，以策鞭帝馬而笑曰：「舍長！官禁貴人，汝亦被拘邪！」吏乃聽過。至洛陽，迎太妃俱歸國。

東海王越之收兵下邳也，假帝輔國將軍。尋加平東將軍、監徐州諸軍事，鎮下邳。俄遷安東將軍、都督揚州諸軍事。越西迎大駕，留帝居守。永嘉初，用王導計，始鎮建鄴，以顧榮爲軍司馬，賀循爲參佐，王敦、王導、周顗、刁協並爲腹心股肱，賓禮名賢，存問風俗，江東歸心焉。屬太妃薨于國，自表奔喪，葬畢，還鎮，增封宣城郡二萬戶，加鎮東大將軍、開府儀同三司。受越命，討征東將軍周馥，走之。及懷帝蒙塵于平陽，司空荀藩等移檄天下，推帝爲盟主。江州刺史華軼不從，使豫章內史周廣、前江州刺史衞展討禽之。愍帝卽位，加左丞相。歲餘，進位丞相、大都督中外諸軍事。遣諸將分定江東，斬叛者孫弼于宣城，平杜弢于湘州，承制赦荊揚。及西都不守，帝出師露次，躬擐甲胄，移檄四方，徵天下之兵，剋日進討。于時有玉册見於臨安，白玉麒麟神璽出於江寧，其文曰「長壽萬年」，日有重暈，皆以爲中興之象焉。

建武元年春二月辛巳，平東將軍宋哲至，宣愍帝詔曰：「遭運迍否，皇綱不振。朕以寡德，奉承洪緒，不能祈天永命，紹隆中興，至使凶胡敢帥犬羊，逼迫京輦。朕今幽塞窮城，憂慮萬端，恐一旦崩潰。卿指詣丞相，具宣朕意，使攝萬機，時據舊都，修復陵廟，以雪大恥。」

三月，帝素服出次，舉哀三日。西陽王羕及羣僚參佐、州征牧守等上尊號，帝不許。羕等以死固請，至於再三。帝慨然流涕曰：「孤，罪人也，惟有蹈節死義，以雪天下之恥，庶贖鈇鉞之誅。吾本琅邪王，諸賢見逼不已！」乃呼私奴命駕，將反國。羣臣乃不敢逼，請依魏晉故事爲晉王，許之。辛卯，卽王位，大赦，改元。其殺祖父母、父母，及劉聰、石勒，不從此令。諸參軍拜奉車都尉，掾屬駙馬都尉。辟掾屬百餘人，時人謂之「百六掾」。乃備百官，立宗廟社稷於建康。時四方競上符瑞，帝曰：「孤負四海之責，未能思愆，何徵祥之有？」

丙辰，立世子紹爲晉王太子。〔二〕以撫軍大將軍、西陽王羕爲太保，征南大將軍、漢安侯王敦爲大將軍，右將軍王導都督中外諸軍事、驃騎將軍，左長史刁協爲尚書左僕射。封王子宣城公裒爲琅邪王。

六月丙寅，司空、幷州刺史、廣武侯劉琨，幽州刺史、左賢王、渤海公段匹磾，領護烏丸校尉、鎭北將軍劉翰，單于、廣甯公段辰，遼西公段眷，冀州刺史、祝阿子邵續，青州刺史、廣饒侯曹嶷，兗州刺史、定襄侯劉演，東夷校尉崔毖，鮮卑大都督慕容廆等一百八十人上書勸進，曰：

臣聞天生蒸民，樹之以君，所以對越天地，司牧黎元。聖帝明王監其若此，知天地不可以乏饗，故屈其身以奉之；知蒸黎不可以無主，故不得已而臨之。社稷時難，則戚藩定其傾；郊廟或替，則宗哲纂其祀。是以弘振遐風，式固萬世，三五以降，靡不由之。伏惟高祖宣皇帝肇基景命，世祖武皇帝遂造區夏，三葉重光，四聖繼軌，惠澤侔於有虞，卜世過於周氏。自元康以來，艱難繁興，永嘉之際，氛厲彌昏，宸極失御，登遐醜裔，國家之危，有若綴旒。賴先后之德、宗廟之靈，皇帝嗣建，舊物克甄。誕授欽明，服膺聰哲，玉質幼彰，金聲夙振。冢宰攝其綱，百辟輔其政，四海想中興之美，羣生懷來蘇之望。不圖天不悔禍，大災荐臻，國未忘難，寇害尋興。逆胡劉曜，縱逸西都，敢肆犬羊，陵虐天邑。臣奉表使還，乃承西朝以去年十一月不守，主上幽劫，復沈虜庭，神器流離，更辱荒逆。臣每覽史籍，觀之前載，厄運之極，古今未有。苟在食土之毛，含血之類，莫不叩心絕氣，行號巷哭。況臣等荷寵三世，位廁鼎司，聞問震惶，精爽飛越，且驚且惋，五情無主，舉哀朔垂，上下泣血。

臣聞昏明迭用，否泰相濟，天命無改，曆數有歸。或多難以固邦國，或殷憂以啓聖明。是以齊有無知之禍，而小白爲五伯之長；晉有驪姬之難，而重耳以主諸侯之盟。社稷靡安，必將有以扶其危；黔首幾絕，必將有以繼其緒。伏惟陛下，玄德通于神明，聖姿合于兩儀，應命世之期，紹千載之運。符瑞之表，天人有徵；中興之兆，圖讖垂典。

自京畿隕喪，九服崩離，天下嚣然，無所歸懷，雖有夏之遭夷羿，宗姬之離犬戎，蔑以過之。陛下撫征江左，奄有舊吳，柔服以德，伐叛以刑，抗明威以攝不類，杖大順以號宇內。純化既敷，則率土宅心；義風既暢，則遐方企踵。百揆時敍于上，四門穆穆于下。昔少康之隆，夏訓以爲美談；宣王中興，周詩以爲休詠。況茂勳格于皇天，清暉光于四海，蒼生顒然，莫不欣戴，聲教所加，願爲臣妾者哉！且宣皇之胤，惟有陛下，億兆攸歸，曾無與二。天祚大晉，必將有主，主晉祀者，非陛下而誰！是以邇無異言，遠無異望，謳歌者無不吟諷徽猷，獄訟者無不思于聖德。天地之際既交，華夷之情允洽。一角之獸，連理之木，以爲休徵者，蓋有百數。冠帶之倫，要荒之衆，不謀同辭者，動以萬計。是以臣等敢考天地之心，因函夏之趣，昧死上尊號。願陛下存舜禹至公之情，狹由巢抗矯之節；以社稷爲務，不以小行爲先；以黔首爲憂，不以克讓爲事；上慰宗廟乃顧之懷，下釋普天傾首之勤。則所謂生繁華于枯荑，育豐肌于朽骨，神人獲安，無不幸甚。

臣聞尊位不可久虛，萬機不可久曠。虛之一日，則尊位以殆；曠之浹辰，則萬機以亂。方今踵百王之季，當陽九之會，狡寇窺窬，伺國瑕隙，黎元波蕩，無所繫心，安可廢而不恤哉？陛下雖欲逡巡，其若宗廟何？其若百姓何？昔者惠公虜秦，晉國震駭，呂郤之謀，欲立子圉，外以絕敵人之志，內以固闔境之情。故曰「喪君有君，羣臣輯睦，好我者勸，惡我者懼」。前事之不忘，後代之元龜也。陛下明並日月，無幽不燭，深謀遠猷，出自胸懷。不勝犬馬憂國之情，遲覩人神開泰之路，是以陳其乃誠，布之執事。臣等忝于方任，久在遐外，不得陪列闕庭，與覩盛禮，踊躍之懷，南望罔極。
帝優令答之，語在琨傳。

石勒將石季龍圍譙城，平西將軍祖逖擊走之。己巳，帝傳檄天下曰：「逆賊石勒，肆虐河朔，逋誅歷載，游魂縱逸。復遣凶黨石季龍犬羊之衆，越河南渡，縱其鴆毒。平西將軍祖逖帥衆討擊，應時潰散。今遣車騎將軍、琅邪王裒等九軍，銳卒三萬，水陸四道，逕造賊場，受逖節度。有能梟季龍首者，賞絹三千匹，金五十斤，封縣侯，食邑二千戶。又賊黨能梟送季龍首，封賞亦同之。」

七月，散騎侍郎朱嵩、尚書郎顧球卒，帝痛之，將爲舉哀。有司奏，舊尚書郎不在舉哀之例。帝曰：「衰亂之弊，特相痛悼。」於是遂舉哀，哭之甚慟。丁未，梁王悝薨。以太尉荀組爲司徒。弛山澤之禁。

八月甲午，封梁王世子翹爲梁王。荆州刺史第五猗爲賊帥杜曾所推，遂與曾同反。

九月戊寅，王敦使武昌太守趙誘、襄陽太守朱軌、陵江將軍黃峻討猗，爲其將杜曾所敗，誘等皆死之。石勒害京兆太守華譚。梁州刺史周訪討杜曾，大破之。

十月丁未，琅邪王裒薨。

十一月甲子，封汝南王子弼爲新蔡王。丁卯，以司空劉琨爲太尉。置史官，立太學。

是歲，揚州大旱。

太興元年春正月戊申朔，臨朝，懸而不樂。

三月癸丑，愍帝崩問至，帝斬縗居廬。丙辰，百僚上尊號。令曰：「孤以不德，當厄運之極，臣節未立，匡救未舉，夙夜所以忘寢食也。今宗廟廢絕，億兆無係，羣官庶尹，咸勉之以大政，亦何敢辭，輒敬從所執。」是日，卽皇帝位。詔曰：「昔我高祖宣皇帝誕應期運，廓開皇基。景、文皇帝奕世重光，緝熙諸夏。爰曁世祖，應天順時，受茲明命。功格天地，仁濟宇宙。昊天不融，降此鞠凶，懷帝短世，越去王都。天禍荐臻，大行皇帝崩殂，社稷無奉。肆羣后三司六事之人，疇咨庶尹，至于華戎，致輯大命于朕躬。予一人畏天之威，用弗敢違。遂登壇南嶽，〔三〕受終文祖，焚柴頒瑞，告類上帝。惟朕寡德，纘我洪緒，若涉大川，罔知攸濟。惟爾股肱爪牙之佐，文武熊羆之臣，用能弼寧晉室，輔余一人。思與萬國，共同休慶。」於是大赦，改元，文武增位二等。庚午，立王太子紹爲皇太子。

壬申，詔曰：「昔之爲政者，動人以行不以言，應天以實不以文，故我淸靜而人自正。其次聽言觀行，明試以功。其有政績可述，刑獄得中，人無怨訟，久而日新，及當官軟弱，茹柔吐剛，行身穢濁，修飾時譽者，各以名聞。令在事之人，仰鑒前烈，同心勠力，深思所以寬衆息役，惠益百姓，無廢朕命。遠近禮贄，一切斷之。」

夏四月丁丑朔，日有食之。加大將軍王敦江州牧，進驃騎將軍王導開府儀同三司。戊寅，初禁招魂葬。乙酉，西平地震。

五月癸丑，使持節、侍中、都督、太尉、幷州刺史、廣武侯劉琨爲段匹磾所害。

六月，旱，帝親雩。改丹楊內史爲丹楊尹。甲申，以尚書左僕射刁協爲尚書令，平南將軍、曲陵公荀崧爲尚書左僕射。庚寅，以滎陽太守李矩爲都督司州諸軍事、司州刺史。戊戌，封皇子晞爲武陵王。初置諫鼓謗木。

秋七月戊申，詔曰：「王室多故，姦凶肆暴，皇綱弛墜，顚覆大猷。朕以不德，統承洪緒，夙夜憂危，思改其弊。二千石令長當祗奉舊憲，正身明法，抑齊豪强，存恤孤獨，隱實戶口，勸課農桑。州牧刺史當互相檢察，不得顧私虧公。長吏有志在奉公而不見進用者，有貪惏穢濁而以財勢自安者，若有不舉，當受故縱蔽善之罪，有而不知，當受闇塞之責。各明愼奉行。」劉聰死，其子粲嗣僞位。

八月，冀、徐、青三州蝗。靳準弒劉粲，自號漢王。

冬十月癸未，加廣州刺史陶侃平南將軍。劉曜僭卽皇帝位于赤壁。

十一月乙卯，日夜出，高三丈，中有赤青珥。新蔡王弼薨。〔三〕加大將軍王敦荆州牧。庚申，詔曰：「朕以寡德，纂承洪緒，上不能調和陰陽，下不能濟育羣生，災異屢興，咎徵仍見。壬子、乙卯，雷震暴雨，蓋天災譴戒，所以彰朕之不德也。羣公卿士，其各上封事，具陳得失，無有所諱，將親覽焉。」新作聽訟觀。故歸命侯孫晧子璠謀反，伏誅。

十二月，劉聰故將王騰、馬忠等誅靳準，送傳國璽於劉曜。武昌地震。丁丑，封顯義亭侯煥爲琅邪王。〔四〕己卯，琅邪王煥薨。癸巳，詔曰：「漢高經大梁，美無忌之賢；齊師入魯，修柳下惠之墓。其吳之高德名賢或未旌錄者，具條列以聞。」江東三郡饑，遣使振給之。彭城內史周撫殺沛國內史周默以反。

二年春正月丁卯，崇陽陵毁，帝素服哭三日；使冠軍將軍梁堪、守太常馬龜等修復山陵。迎梓宮于平陽，不克而還。

二月，太山太守徐龕斬周撫，傳首京師。

夏四月，龍驤將軍陳川以浚儀叛，降于石勒。太山太守徐龕以郡叛，自號兗州刺史，寇濟岱。秦州刺史陳安叛，降于劉曜。

五月癸丑，太陽陵毀，帝素服哭三日。徐揚及江西諸郡蝗。吳郡大饑。平北將軍祖逖及石勒將石季龍戰于浚儀，王師敗績。壬戌，詔曰：「天下凋弊，加以災荒，百姓困窮，國用並匱，吳郡饑人死者百數。天生蒸黎而樹之以君，選建明哲以左右之，當深思以救其弊。昔吳起爲楚悼王明法審令，捐不急之官，除廢公族疏遠，以附益將士，而國富兵强。況今日之弊，百姓凋困邪！且當去非急之務，非軍士所須者皆省之。」甲子，梁州刺史周訪及杜曾戰于武當，斬之，禽第五猗。

六月丙子，加周訪安南將軍。罷御府及諸郡丞，置博士員五人。己亥，加太常賀循開府儀同三司。

秋七月乙丑，太常賀循卒。

八月，肅慎獻楛矢石砮。徐龕寇東莞，遣太子左衞率羊鑒行征虜將軍，統徐州刺史蔡豹討之。

冬十月，平北將軍祖逖使督護陳超襲石勒將桃豹，超敗，沒於陣。

十一月戊寅，石勒僭卽王位，〔五〕國號趙。

十二月乙亥，大赦，詔百官各上封事，幷省衆役。鮮卑慕容廆襲遼東，東夷校尉、平州刺史崔毖奔高句驪。

是歲，南陽王保稱晉王于祁山。三吳大饑。

三年春正月丁酉朔，晉王保爲劉曜所逼，遷于桑城。

二月辛未，石勒將石季龍寇猒次，平北將軍、冀州刺史邵續擊之，續敗，沒於陣。

三月，慕容廆奉送玉璽三紐。

閏月，以尚書周顗爲尚書僕射。

夏四月壬辰，枉矢流于翼軫。

五月丙寅，孝懷帝太子詮遇害于平陽，帝三日哭。庚寅，地震。是月，晉王保爲其將張春所害。劉曜使陳安攻春，滅之，安因叛曜。石勒將徐龕帥衆來降。

六月，大水。丁酉，盜殺西中郎將、護羌校尉、涼州刺史、西平公張寔，寔弟茂嗣，領平西將軍、涼州刺史。

秋七月丁亥，詔曰：「先公武王、先考恭王臨君琅邪四十餘年，惠澤加于百姓，遺愛結于人情。朕應天符，創基江表，兆庶宅心，繦負子來。琅邪國人在此者近有千戶，今立爲懷德縣，統丹楊郡。昔漢高祖以沛爲湯沐邑，光武亦復南頓，優復之科一依漢氏故事。」祖逖部將衞策大破石勒別軍於汴水。加逖爲鎭西將軍。

八月戊午，尊敬王后虞氏爲敬皇后。辛酉，遷神主于太廟。辛未，〔六〕梁州刺史、安南將軍周訪卒。皇太子釋奠於太學。以湘州刺史甘卓爲安南將軍、梁州刺史。

九月，徐龕又叛，降于石勒。

冬十月丙辰，徐州刺史蔡豹以畏愞伏誅。王敦殺武陵內史向碩。

四年春二月，徐龕又帥衆來降。鮮卑末波奉送皇帝信璽。庚戌，告於太廟，乃受之。癸亥，日鬬。

三月，置周易、儀禮、公羊博士。癸酉，以平東將軍曹嶷爲安東將軍。

夏四月辛亥，帝親覽庶獄。石勒攻猒次，陷之。撫軍將軍、幽州刺史段匹磾沒于勒。

五月，旱。庚申，詔曰：「昔漢二祖及魏武皆免良人，武帝時，涼州覆敗，諸爲奴婢亦皆復籍，此累代成規也。其免中州良人遭難爲揚州諸郡僮客者，以備征役。」

秋七月，大水。甲戌，以尚書戴若思爲征西將軍、都督司兗豫幷冀雍六州諸軍事、司州刺史，鎭合肥；丹楊尹劉隗爲鎭北將軍、都督青徐幽平四州諸軍事、青州刺史，鎭淮陰。壬午，以驃騎將軍王導爲司空。

八月，常山崩。

九月壬寅，鎭西將軍、豫州刺史祖逖卒。

冬十月壬午，以逖弟侍中約爲平西將軍、豫州刺史。

十二月，以慕容廆爲持節、都督幽平二州東夷諸軍事、平州牧，封遼東郡公。

永昌元年春正月乙卯，大赦，改元。戊辰，大將軍王敦舉兵於武昌，以誅劉隗爲名，龍驤將軍沈充帥衆應之。

三月，徵征西將軍戴若思、鎭北將軍劉隗還衞京都。以司空王導爲前鋒大都督，以戴若思爲驃騎將軍，丹楊諸郡皆加軍號。加僕射周顗尙書左僕射，領軍王邃尙書右僕射。以太子右衞率周莚行冠軍將軍，〔七〕統兵三千討沈充。甲午，封皇子昱爲琅邪王。〔八〕劉隗軍於金城，右將軍周札守石頭，帝親被甲徇六師於郊外。遣平南將軍陶侃領江州，安南將軍甘卓領荆州，各帥所統以躡敦後。

四月，敦前鋒攻石頭，周札開城門應之，奮威將軍侯禮死之。敦據石頭，戴若思、劉隗帥衆攻之，王導、周顗、郭逸、虞潭等三道出戰，六軍敗績。尙書令刁協奔於江乘，爲賊所害。鎭北將軍劉隗奔于石勒。帝遣使謂敦曰：「公若不忘本朝，于此息兵，則天下尙可共安也。如其不然，朕當歸于琅邪，以避賢路。」辛未，大赦。敦乃自爲丞相、都督中外諸軍、錄尚書事，封武昌郡公，邑萬戶。丙子，驃騎將軍、秣陵侯戴若思，尚書左僕射、護軍將軍、武城侯周顗爲敦所害。敦將沈充陷吳國，魏乂陷湘州，吳國內史張茂，〔九〕湘州刺史、譙王承並遇害。〔一〇〕

五月壬申，敦以太保、西陽王羕爲太宰，加司空王導尚書令。乙亥，鎮南大將軍甘卓爲襄陽太守周慮所害。蜀賊張龍寇巴東，建平太守柳純擊走之。石勒遣騎寇河南。

六月，旱。

秋七月，王敦自加兗州刺史郗鑒爲安北將軍。石勒將石季龍攻陷太山，執守將徐龕。兗州刺史郗鑒自鄒山退守合肥。

八月，敦以其兄含爲衞將軍，自領寧、益二州都督。琅邪太守孫默叛，降于石勒。

冬十月，大疫，死者十二三。己丑，都督荆梁二州諸軍事、平南將軍、荆州刺史、武陵侯王廙卒。辛卯，以下邳內史王邃爲征北將軍、都督青徐幽平四州諸軍事，鎮淮陰。新昌太守梁碩起兵反。京師大霧，黑氣蔽天，日月無光。石勒攻陷襄城、城父，遂圍譙，破祖約別軍，約退據壽春。

十一月，以司徒荀組爲太尉。己酉，〔一一〕太尉荀組薨。罷司徒，幷丞相。

閏月己丑，帝崩于內殿，時年四十七，葬建平陵，廟號中宗。帝性簡儉沖素，容納直言，虛己待物。初鎮江東，頗以酒廢事，王導深以爲言，帝命酌，引觴覆之，於此遂絕。有司嘗奏太極殿廣室施絳帳，帝曰：「漢文集上書皁囊爲帷。」遂令冬施青布，夏施青練帷帳。將拜貴人，有司請市雀釵，帝以煩費不許。所幸鄭夫人衣無文綵。從母弟王廙爲母立屋過制，流涕止之。然晉室遘紛，皇輿播越，天命未改，人謀叶贊。元戎屢動，不出江畿，經略區區，僅全吳楚。終于下陵上辱，憂憤告謝。恭儉之德雖充，雄武之量不足。

始秦時望氣者云「五百年後金陵有天子氣」，故始皇東遊以厭之，改其地曰秣陵，塹北山以絕其勢。及孫權之稱號，自謂當之。孫盛以爲始皇逮于孫氏四百三十七載，考其曆數，猶爲未及；元帝之渡江也，乃五百二十六年，眞人之應在于此矣。咸寧初，風吹太社樹折，社中有青氣，占者以爲東莞有帝者之祥。由是徙封東莞王於琅邪，卽武王也。及吳之亡，王濬實先至建鄴，而皓之降款，遠歸璽於琅邪。天意人事，又符中興之兆。太安之際，童謠云：「五馬浮渡江，一馬化爲龍。」及永嘉中，歲、鎮、熒惑、太白聚斗、牛之間，識者以爲吳越之地當興王者。是歲，王室淪覆，帝與西陽、汝南、南頓、彭城五王獲濟，而帝竟登大位焉。

初，玄石圖有「牛繼馬後」，故宣帝深忌牛氏，遂爲二榼，共一口，以貯酒焉，帝先飲佳者，而以毒酒鴆其將牛金。而恭王妃夏侯氏竟通小吏牛氏而生元帝，亦有符云。

史臣曰：晉氏不虞，自中流外，五胡扛鼎，七廟隳尊，滔天方駕，則民懷其舊德者矣。昔光武以數郡加名，元皇以一州臨極，豈武宣餘化猶暢于琅邪，文景垂仁傳芳于南頓，所謂後乎天時，先諸人事者也。馳章獻號，高蓋成陰，星斗呈祥，金陵表慶。陶士行擁三州之旅，郢外以安；王茂弘爲分陝之計，江東可立。或高旌未拂，而遐心斯偃，迴首朝陽，仰希乾棟，帝猶六讓不居，七辭而不免也。布帳練帷，詳刑簡化，抑揚前軌，光啓中興。古者私家不蓄甲兵，大臣不爲威福，王之常制，以訓股肱。中宗失馭强臣，自亡齊斧，兩京胡羯，風埃相望。雖復六月之駕無聞，而鴻雁之歌方遠，享國無幾，哀哉！

明帝

明皇帝諱紹，字道畿，元皇帝長子也。幼而聰哲，爲元帝所寵異。年數歲，嘗坐置膝前，屬長安使來，因問帝曰：「汝謂日與長安孰遠？」對曰：「長安近。不聞人從日邊來，居然可知也。」元帝異之。明日，宴羣僚，又問之。對曰：「日近。」元帝失色，曰：「何乃異間者之言乎？」對曰：「舉目則見日，不見長安。」由是益奇之。

建興初，拜東中郎將，鎭廣陵。元帝爲晉王，立爲晉王太子。及帝卽尊號，立爲皇太子。性至孝，有文武才略，欽賢愛客，雅好文辭。當時名臣，自王導、庾亮、溫嶠、桓彝、阮放等，咸見親待。嘗論聖人眞假之意，導等不能屈。又習武藝，善撫將士。於時東朝濟濟，遠近屬心焉。

及王敦之亂，六軍敗績，帝欲帥將士決戰，升車將出，中庶子溫嶠固諫，抽劍斬鞅，乃止。敦素以帝神武明略，朝野之所欽信，欲誣以不孝而廢焉。大會百官而問溫嶠曰：「皇太子以何德稱？」聲色俱厲，必欲使有言。嶠對曰：「鉤深致遠，蓋非淺局所量。以禮觀之，可稱爲孝矣。」衆皆以爲信然，敦謀遂止。永昌元年閏月己丑，元帝崩。庚寅，太子卽皇帝位，大赦，尊所生荀氏爲建安郡君。〔一〕

太寧元年春正月癸巳，黃霧四塞，京師火。李雄使其將李驤、任回寇臺登，將軍司馬玖死之。越巂太守李釗、漢嘉太守王載以郡叛，降于驤。

二月，葬元帝于建平陵，帝徒跣至于陵所。以特進華恒爲驃騎將軍、都督石頭水陸軍事。乙丑，黃霧四塞。丙寅，隕霜。壬申，又隕霜，殺穀。

三月戊寅朔，改元，臨軒，停饗宴之禮，懸而不樂。丙戌，隕霜，殺草。饒安、東光、安陵三縣災，燒七千餘家，死者萬五千人。石勒攻陷下邳，徐州刺史卞敦退保盱眙。王敦獻皇帝信璽一紐。敦將謀篡逆，諷朝廷徵己，帝乃手詔徵之。

夏四月，敦下屯于湖，轉司空王導爲司徒，自領揚州牧。巴東監軍柳純爲敦所害。以尚書陳眕爲都督幽平二州諸軍事、幽州刺史。

五月，京師大水。〔一三〕李驤等寇寧州，刺史王遜遣將姚岳距戰于堂狼，〔一四〕大破之。梁碩攻陷交州，刺史王諒死之。

六月壬子，立皇后庾氏。平南將軍陶侃遣參軍高寶攻梁碩，斬之，傳首京師。進侃位征南大將軍、開府儀同三司。

秋七月丙子朔，震太極殿柱。是月，劉曜攻陳安於隴城，滅之。

八月，以安北將軍郗鑒爲尚書令。石勒將石季龍攻陷青州，刺史曹嶷遇害。

冬十一月，王敦以其兄征南大將軍含爲征東大將軍、都督揚州江西諸軍事。以軍國饑乏，調刺史以下米各有差。

二年春正月丁丑，帝臨朝，停饗宴之禮，懸而不樂。庚辰，赦五歲刑以下。術人李脫造妖書惑衆，斬于建康市。石勒將石季龍寇兗州，刺史劉遐自彭城退保泗口。

三月，劉曜將康平寇魏興，及南陽。

夏五月，王敦矯詔拜其子應爲武衞將軍，兄含爲驃騎大將軍。帝所親信常從督公乘雄、冉曾並爲敦所害。

六月，敦將舉兵內向，帝密知之，乃乘巴滇駿馬微行，至于湖，陰察敦營壘而出。有軍士疑帝非常人。又敦正晝寢，夢日環其城，驚起曰：「此必黃鬚鮮卑奴來也。」帝母荀氏，燕代人，帝狀類外氏，鬚黃，敦故謂帝云。於是使五騎物色追帝。帝亦馳去，馬有遺糞，輒以水灌之。見逆旅賣食嫗，以七寶鞭與之，曰：「後有騎來，可以此示也。」俄而追者至，問嫗。嫗曰：「去已遠矣。」因以鞭示之。五騎傳玩，稽留遂久。又見馬糞冷，以爲信遠而止不追。帝僅而獲免。

丁卯，加司徒王導大都督、假節，領揚州刺史，以丹楊尹溫嶠爲中壘將軍，與右將軍卞敦守石頭，以光祿勳應詹爲護軍將軍、假節、督朱雀橋南諸軍事，以尚書令郗鑒行衞將軍、都督從駕諸軍事，以中書監庾亮領左衞將軍，以尚書卞壼行中軍將軍。徵平北將軍、徐州刺史王邃，平西將軍、豫州刺史祖約，北中郎將、兗州刺史劉遐，奮武將軍、臨淮太守蘇峻，奮威將軍、廣陵太守陶瞻等還衞京師。帝次於中堂。

秋七月壬申朔，敦遣其兄含及錢鳳、周撫、鄧岳等水陸五萬，至于南岸。溫嶠移屯水北，燒朱雀桁，以挫其鋒。帝躬率六軍，出次南皇堂。至癸酉夜，募壯士，遣將軍段秀、中軍司馬曹渾、左衞參軍陳嵩、鍾寅等甲卒千人渡水，掩其未畢。平旦，戰于越城，大破之，斬其前鋒將何康。王敦憤惋而死。前宗正虞潭起義師于會稽。沈充帥萬餘人來會含等，庚辰，築壘于陵口。丁亥，劉遐、蘇峻等帥精卒萬人以至，帝夜見，勞之，賜將士各有差。義興人周蹇殺敦所署太守劉芳，平西將軍祖約逐敦所署淮南太守任台于壽春。乙未，賊衆濟水，護軍將軍應詹帥建威將軍趙胤等距戰，不利。賊至宣陽門，北中郎將劉遐、蘇峻等自南塘橫擊，大破之。劉遐又破沈充于青溪。丙申，賊燒營宵遁。

丁酉，帝還宮，大赦，惟敦黨不原。於是分遣諸將追其黨與，悉平之。封司徒王導爲始興郡公，邑三千戶，賜絹九千匹；丹楊尹溫嶠建寧縣公，尚書卞壼建興縣公，中書監庾亮永昌縣公，北中郎將劉遐泉陵縣公，奮武將軍蘇峻邵陵縣公，邑各千八百戶，絹各五千四百匹；尚書令郗鑒高平縣侯，護軍將軍應詹觀陽縣侯，邑各千六百戶，絹各四千八百匹；建威將軍趙胤湘南縣侯，右將軍卞敦益陽縣侯，邑各千六百戶，絹各三千二百匹。其餘封賞各有差。

冬十月，以司徒王導爲太保、領司徒，太宰、西陽王羕領太尉，應詹爲平南將軍、都督江州諸軍事、江州刺史，劉遐爲監淮北諸軍事、徐州刺史，庾亮爲護軍將軍。詔王敦羣從一無所問。是時，石勒將石生屯洛陽，豫州刺史祖約退保壽陽。

十二月壬子，帝謁建平陵，從大祥之禮。梁水太守爨亮、益州太守李遏以興古叛，降于李雄。沈充故將顧颺反於武康，攻燒城邑，州縣討斬之。

三年春二月戊辰，〔一五〕復三族刑，惟不及婦人。

三月，幽州刺史段末波卒，以弟牙嗣。戊辰，立皇子衍爲皇太子，大赦，增文武位二等，大酺三日，賜鰥寡孤獨帛，人二匹。癸巳，徵處士臨海任旭、會稽虞喜並爲博士。

夏四月，詔曰：「大事初定，其命惟新。其令太宰、司徒已下，詣都坐參議政道，諸所因革，務盡事中。」又詔曰：「湌直言，引亮正，想羣賢達吾此懷矣。予違汝弼，堯舜之相君臣也。吾雖虛闇，庶不距逆耳之談。稷契之任，君居之矣。望共勖之。」己亥，雨雹。石勒將石良寇兗州，刺史檀贇力戰，死之。〔一六〕將軍李矩等並衆潰而歸，石勒盡陷司、兗、豫三州之地。

五月，以征南大將軍陶侃爲征西大將軍、都督荊湘雍梁四州諸軍事、荊州刺史，王舒爲安南將軍、都督廣州諸軍事、廣州刺史。

六月，石勒將石季龍攻劉曜將劉岳于新安，陷之。以廣州刺史王舒爲都督湘州諸軍事、湘州刺史，湘州刺史劉顗爲平越中郎將、都督廣州諸軍事、廣州刺史。大旱，自正月不雨，至于是月。

秋七月辛未，以尚書令郗鑒爲車騎將軍、都督青兗二州諸軍事、假節，鎭廣陵，領軍將軍卞壼爲尚書令。詔曰：「三恪二王，世代之所重；興滅繼絕，政道之所先。又宗室哲王有功勳于大晉受命之際者，佐命功臣，碩德名賢，三祖所與共維大業，咸開國胙土、誓同山河者，而並廢絕，禋祀不傳，甚用懷傷。主者其詳議諸應立後者以聞。」又詔曰：「郊祀天地，帝王之重事。自中興以來，惟南郊，未曾北郊，四時五郊之禮都不復設，五嶽、四瀆、名山、大川載在祀典應望秩者，悉廢而未舉。主者其依舊詳處。」

八月，詔曰：「昔周武克殷，封比干之墓；漢高過趙，錄樂毅之後，追顯既往，以勸將來也。吳時將相名賢之胄，有能纂修家訓，又忠孝仁義，靜己守眞，不聞于時者，州郡中正亟以名聞，勿有所遺。」

閏月，以尚書左僕射荀崧爲光祿大夫、錄尚書事，尚書鄧攸爲尚書左僕射。壬午，帝不悆，召太宰、西陽王羕，司徒王導，尚書令卞壼，車騎將軍郗鑒，護軍將軍庾亮，領軍將軍陸曄，丹楊尹溫嶠並受遺詔，輔太子。丁亥，詔曰：「自古有死，賢聖所同，壽夭窮達，歸于一概，亦何足特痛哉！朕枕疾已久，常慮忽然。仰惟祖宗洪基，不能克終堂構，大恥未雪，百姓塗炭，所以有慨耳。不幸之日，斂以時服，一遵先度，務從簡約，勞衆崇飾，皆勿爲也。衍以幼弱，猥當大重，當賴忠賢，訓而成之。昔周公匡輔成王，霍氏擁育孝昭，義存前典，功冠二代，豈非宗臣之道乎？凡此公卿，時之望也。敬聽顧命，任託付之重，同心斷金，以謀王室。諸方嶽征鎮，刺史將守，皆朕扞城，推轂于外，雖事有內外，其致一也。故不有行者，誰扞牧圉？譬若脣齒，表裏相資。宜勠力一心，若合符契，思美焉之美，以緝事爲期。百辟卿士，其總己以聽于家宰，保祐沖幼，弘濟艱難，永令祖宗之靈，寧于九天之上，則朕沒于地下，無恨黃泉。」

戊子，帝崩于東堂，年二十七，葬武平陵，廟號肅祖。帝聰明有機斷，尤精物理。于時兵凶歲饑，死疫過半，虛弊既甚，事極艱虞。屬王敦挾震主之威，將移神器。帝崎嶇遵養，以弱制强，潛謀獨斷，廓清大祲。改授荆、湘等四州，以分上流之勢，撥亂反正，强本弱枝。雖享國日淺，而規模弘遠矣。

史臣曰：維揚作寓，憑帶洪流，楚江恒戰，方城對敵，不得不推誠將相，以總戎麾。樓船萬計，兵倍王室，處其利而無心者，周公其人也。威權外假，嫌隙內興，彼有順流之師，此無强藩之援。商逢九亂，堯止八音，明皇負圖，屬在茲日。運龍韜於掌握，起天旆於江靡，燎其餘燼，有若秋原。去縗經而踐戎場，斬鯨鯢而拜園闕。鎮削威權，州分江漢，覆車不踐，貽厥孫謀。其後七十餘年，終罹敬道之害。或曰「興亡在運，非止上流」，豈創制不殊，而弘之者異也。

贊曰：傾天起害，猛獸呈災。琅邪之子，仁義歸來。龔行趙璧，命筆荆臺。雲瞻北晦，江望南開。晉陽禦敵，河西全壤。胡寇雖艱，靈心弗爽。三方馳騖，百蠻從響。寶命還昌，金輝載朗。明后岐嶷，軍書接要。莽首晨懸，董臍昏燎。厥德不回，餘風可劭。

校勘記

〔一〕丙辰立世子紹爲晉王太子　建康實錄五作「四月丙辰」。丙辰爲四月初四。此及下並四月間事，文未出「四月」，蓋貫即位事連書。

〔二〕遂登壇南嶽　御覽九八引「嶽」作「面」。

〔三〕新蔡王弼薨　「新蔡」原作「新野」。斠注：以上文建武元年本紀及成紀、本傳證之，此「新野」爲「新蔡」之誤。因據改。

〔四〕封顯義亭侯煥爲琅邪王　「煥」原作「渙」，據本傳改。

〔五〕十一月戊寅石勒僭卽王位　十一月戊戌朔，無戊寅。御覽一二〇引後趙錄亦云在十一月，蓋日干有誤字。通鑑九一亦同誤。

〔六〕辛未　八月癸巳朔，無辛未。

〔七〕周莚　斠注：周札傳作「周筵」。按：通鑑九三仍作「周莚」。

〔八〕甲午封皇子昱爲琅邪王　三月甲寅朔，無甲午。通鑑九二作「二月甲午」，疑是。

〔九〕張茂　五行志中作「張懋」。

〔一〇〕譙王承　「承」，世說仇隟注引晉陽秋、司馬氏譜並作「丞」，通鑑九一、九二，稽古錄一三並作「丞」。「丞」字見玉篇，與「抍」「拯」音義同。南宮王名承，不應同名，疑「丞」是。

〔一一〕己酉　十一月庚戌朔，無己酉。通鑑九二作「辛酉」。

〔一二〕尊所生荀氏爲建安郡君　本傳、御覽二〇二引晉中興書皆作「建安君」，無「郡」字。據本傳薨後始贈豫章郡君，不應初封即爲郡君。

〔一三〕京師大水　五行志上、宋書五行志四作「丹陽、宣城、吳興、壽春大水」。

〔一四〕姚岳　周校：王遜傳作「姚崇」，參卷八一校記。

〔一五〕二月戊辰　二月丁酉朔，無戊辰。御覽九八引作「戊戌」，建康實錄六作「戊午」，此二日均在二月。

〔一六〕石勒將石良寇兗州刺史檀贇力戰死之　周校：石勒載記「石良」作「石瞻」。按：通鑑九三從載記。「檀賨」，載記、通鑑九三均作「檀斌」。

晉書卷七

帝紀第七

成帝

成皇帝諱衍，字世根，明帝長子也。太寧三年三月戊辰，立爲皇太子。閏月戊子，明帝崩。己丑，太子卽皇帝位，大赦，增文武位二等，賜鰥寡孤老帛，人二匹，尊皇后庾氏爲皇太后。

秋九月癸卯，〔一〕皇太后臨朝稱制。司徒王導錄尚書事，與中書令庾亮參輔朝政。以撫軍將軍、南頓王宗爲驃騎將軍，領軍將軍、汝南王祐爲衞將軍。辛丑，葬明帝於武平陵。

冬十一月癸巳朔，日有蝕之。廣陵相曹渾有罪，下獄死。

咸和元年春二月丁亥，大赦，改元，大酺五日，賜鰥寡孤老米，人二斛，京師百里內復一年。

夏四月，石勒遣其將石生寇汝南，汝南人執內史祖濟以叛。甲子，尚書左僕射鄧攸卒。

五月，大水。

六月癸亥，使持節、散騎常侍、監淮北諸軍事、北中郎將、徐州刺史、泉陵公劉遐卒。癸酉，以車騎將軍郗鑒領徐州刺史，征虜將軍郭默爲北中郎將、假節、監淮北諸軍。劉遐部曲將李龍、史迭奉遐子肇代遐位以距默，臨淮太守劉矯擊破之，斬龍，傳首京師。

秋七月癸丑，使持節、都督江州諸軍事、江州刺史、平南將軍、觀陽伯應詹卒。〔二〕

八月，以給事中、前將軍、丹楊尹溫嶠爲平南將軍、假節、都督、江州刺史。

九月，旱。李雄將張龍寇涪陵，執太守謝俊。

冬十月，封魏武帝玄孫曹勱爲陳留王，〔三〕以紹魏。丙寅，衞將軍、汝南王祐薨。己巳，封皇弟岳爲吳王。車騎將軍、南頓王宗有罪，伏誅，貶其族爲馬氏。免太宰、西陽王羕，降爲弋陽縣王。庚辰，赦百里內五歲以下刑。是月，劉曜將黃秀、帛成寇酇，平北將軍魏該帥衆奔襄陽。

十一月壬子，大閱于南郊。改定王侯國秩，九分食一。

石勒將石聰攻壽陽，不克，遂侵逡遒、阜陵，加司徒王導大司馬、假黃鉞、都督中外征討諸軍事以禦之。歷陽太守蘇峻遣其將韓晃討石聰，走之。

時大旱，自六月不雨，至於是月。

十二月，濟岷太守劉闓殺下邳內史夏侯嘉，叛降石勒。梁王翹薨。

二年春正月，寧州秀才龐遺起義兵，攻李雄將任回、〔四〕李謙等，雄遣其將羅恆、費黑救之。寧州刺史尹奉遣裨將姚岳、朱提太守楊術援遺，戰于臺登，岳等敗績，術死之。

三月，益州地震。

夏四月，旱。己未，豫章地震。

五月甲申朔，日有蝕之。丙戌，加豫州刺史祖約爲鎮西將軍。戊子，京師大水。

冬十月，劉曜使其子胤侵枹罕，遂略河南地。

十一月，豫州刺史祖約、歷陽太守蘇峻等反。

十二月辛亥，蘇峻使其將韓晃入姑孰，屠于湖。壬子，彭城王雄、章武王休叛，奔峻。庚申，京師戒嚴。假護軍將軍庾亮節爲征討都督，以右衞將軍趙胤爲冠軍將軍、歷陽太守，使與左將軍司馬流帥師距峻，戰于慈湖，流敗，死之。假驍騎將軍鍾雅節，帥舟軍，與趙胤爲前鋒，以距峻。丙寅，徙封琅邪王昱爲會稽王，吳王岳爲琅邪王。辛未，宣城內史桓彝及峻戰于蕪湖，彝軍敗績。車騎將軍郗鑒遣廣陵相劉矩帥師赴京師。

三年春正月，平南將軍溫嶠帥師救京師，次於尋陽，遣督護王愆期、西陽太守鄧嶽、鄱陽太守紀睦爲前鋒。征西大將軍陶侃遣督護龔登受嶠節度。鍾雅、趙胤等次慈湖，王愆期、鄧嶽等次直瀆。丁未，峻濟自橫江，登牛渚。

二月庚戌，峻至于蔣山。假領軍將軍卞壼節，帥六軍，及峻戰于西陵，王師敗績。丙辰，峻攻青溪柵，因風縱火，王師又大敗。尙書令、領軍將軍卞壼，丹楊尹羊曼，黃門侍郎周導，廬江太守陶瞻並遇害，死者數千人。庾亮又敗于宣陽門內，遂攜其諸弟與郭默、趙胤奔尋陽。於是司徒王導、右光祿大夫陸曄、荀崧等衞帝于太極殿，太常孔愉守宗廟。賊乘勝麾戈接於帝座，突入太后後宮，左右侍人皆見掠奪。是時太官唯有燒餘米數石，以供御膳。百姓號泣，響震都邑。丁巳，峻矯詔大赦，又以祖約爲侍中、太尉、尙書令，自爲驃騎將軍、錄尙書事。吳郡太守庾冰奔于會稽。

三月丙子，皇太后庾氏崩。

夏四月，石勒攻宛，南陽太守王國叛，降於勒。壬申，葬明穆皇后于武平陵。

五月乙未，峻逼遷天子于石頭，帝哀泣升車，宮中慟哭。峻以倉屋爲宮，遣管商、張瑾、〔三〕弘徽寇晉陵，韓晃寇義興。吴興太守虞潭與庾冰、王舒等起義兵于三吳。丙午，征西大將軍陶侃、平南將軍溫嶠、護軍將軍庾亮、平北將軍魏該舟軍四萬，次于蔡洲。

六月，韓晃攻宣城，內史桓彝力戰，死之。壬辰，平北將軍、雍州刺史魏該卒于師。廬江太守毛寶攻賊合肥戍，拔之。

秋七月，祖約爲石勒將石聰所攻，衆潰，奔于歷陽。石勒將石季龍攻劉曜於蒲坂。

八月，曜及石季龍戰于高候，季龍敗績，曜遂圍石生于洛陽。

九月戊申，司徒王導奔于白石。庚午，陶侃使督護楊謙攻峻于石頭。溫嶠、庾亮陣于白石，竟陵太守李陽距賊南偏。峻輕騎出戰，墜馬，斬之，衆遂大潰。賊黨復立峻弟逸爲帥。前交州刺史張璉據始興反，進攻廣州，鎮南司馬曾勰等擊破之。

冬十月，李雄將張龍寇涪陵，太守趙弼沒于賊。

十二月乙未，石勒敗劉曜于洛陽，獲之。

是歲，石勒將石季龍攻氐帥蒲洪於隴山，降之。

四年春正月，帝在石頭，賊將匡術以苑城歸順，百官赴焉。侍中鍾雅、右衞將軍劉超謀奉帝出，爲賊所害。戊辰，冠軍將軍趙胤遣將甘苗討祖約于歷陽，敗之，約奔于石勒，其將牽騰帥衆降。峻子碩攻臺城，又焚太極東堂、祕閣，皆盡。城中大飢，米斗萬錢。

二月，大雨霖。丙戌，諸軍攻石頭。李陽與蘇逸戰於柤浦，陽軍敗。建威長史滕含以鋭卒擊之，逸等大敗。含奉帝御于溫嶠舟，羣臣頓首號泣請罪。弋陽王羕有罪，伏誅。丁亥，大赦。時兵火之後，宮闕灰燼，以建平園爲宮。甲午，蘇逸以萬餘人自延陵湖將入吳興。乙未，將軍王允之及逸戰於溧陽，獲之。壬寅，以湘州幷荆州。劉曜太子毗與其大司馬劉胤帥百官奔于上邽，〔六〕關中大亂。

三月壬子，以征西大將軍陶侃爲太尉，封長沙郡公；車騎將軍郗鑒爲司空，封南昌縣公；平南將軍溫嶠爲驃騎將軍、開府儀同三司，封始安郡公。其餘封拜各有差。庚午，以右光祿大夫陸曄爲衞將軍、開府儀同三司。復封高密王紘爲彭城王。以護軍將軍庾亮爲平西將軍、都督揚州之宣城江西諸軍事、假節，領豫州刺史，鎭蕪湖。

夏四月乙未，驃騎將軍、始安公溫嶠卒。

秋七月，有星孛于西北。會稽、吳興、宣城、丹楊大水。詔復遭賊郡縣租稅三年。

八月，劉曜將劉胤等帥衆侵石生，次于雍。

九月，石勒將石季龍擊胤，斬之，進屠上邽，盡滅劉氏，坑其黨三千餘人。

冬十月，廬山崩。

十二月壬辰，右將軍郭默害平南將軍、江州刺史劉胤，太尉陶侃帥衆討默。是歲，天裂西北。

五年春正月己亥，大赦。癸亥，詔除諸將任子。

二月，以尚書陸玩爲尚書左僕射，孔愉爲右僕射。

夏五月，旱，且飢疫。乙卯，太尉陶侃擒郭默于尋陽，斬之。石勒將劉徵寇南沙，都尉許儒遇害，進入海虞。

六月癸巳，初稅田，畝三升。

秋八月，石勒僭卽皇帝位，〔七〕使其將郭敬寇襄陽。南中郎將周撫退歸武昌，中州流人悉降于勒。郭敬遂寇襄陽，〔八〕屯于樊城。

九月，造新宮，始繕苑城。甲辰，徙樂成王欽爲河間王，封彭城王紘子俊爲高密王。〔九〕

冬十月丁丑，幸司徒王導第，置酒大會。

李雄將李壽寇巴東、建平，監軍毌丘奥、太守楊謙退歸宜都。〔一〇〕

十二月，張駿稱臣于石勒。

六年春正月癸巳，劉徵復寇婁縣，遂掠武進。乙未，進司空郗鑒都督吳國諸軍事。戊午，以運漕不繼，發王公已下千餘丁，各運米六斛。

二月己丑，〔二〕以幽州刺史、大單于段遼爲驃騎將軍。

三月壬戌朔，日有蝕之。癸未，詔舉賢良直言之士。

夏四月，旱。

六月丙申，復故河間王顒爵位，封彭城王植子融爲樂成王，〔三〕章武王混子珍爲章武王。

秋七月，李雄將李壽侵陰平，武都氐帥楊難敵降之。

八月庚子，以左僕射陸玩爲尚書令。

七年春正月辛未，大赦。

三月，西中郎將趙胤、司徒中郎匡術攻石勒馬頭塢，克之。勒將韓雍寇南沙及海虞。

夏四月，勒將郭敬陷襄陽。

五月，大水。

秋七月丙辰，詔諸養獸之屬，損費者多，一切除之。

太尉陶侃遣子平西參軍斌與南中郎將桓宣攻石勒將郭敬，破之，克樊城。竟陵太守李陽拔新野、襄陽，因而戍之。

冬十一月壬子朔，進太尉陶侃爲大將軍。詔舉賢良。

十二月庚戌，帝遷于新宮。

八年春正月辛亥朔，詔曰：「昔犬賊縱暴，宮室焚蕩，元惡雖翦，未暇營築。有司屢陳朝會逼狹，遂作斯宮，子來之勞，不日而成。既獲臨御，大饗羣后，九賓充庭，百官象物。知君子勤禮，小人盡力矣。思蠲密網，咸同斯惠，其赦五歲刑以下。」令諸郡舉力人能舉千五百斤以上者。

丙寅，李雄將李壽陷寧州，刺史尹奉及建寧太守霍彪並降之。癸酉，以張駿爲鎮西大將軍。丙子，石勒遣使致賂，詔焚之。

夏四月，詔封故新蔡王弼弟邈爲新蔡王。以束帛徵處士尋陽翟湯、會稽虞喜。

五月，有星隕于肥鄉。麒麟、騶虞見于遼東。乙未，〔一三〕車騎將軍、遼東公慕容廆卒，子皝嗣位。

六月甲辰，撫軍將軍王舒卒。

秋七月戊辰，石勒死，子弘嗣僞位，其將石聰以譙來降。

冬十月，石弘將石生起兵于關中，稱秦州刺史，遣使來降。石弘將石季龍攻石朗于洛陽，因進擊石生，俱滅之。

十二月，石生故部將郭權遣使請降。

九年春正月，隕石于涼州二。以郭權爲鎮西將軍、雍州刺史。〔一四〕

二月丁卯，加鎮西大將軍張駿爲大將軍。

三月丁酉，會稽地震。

夏四月，石弘將石季龍使石斌攻郭權于郿，陷之。

六月，李雄死，其兄子班嗣僞位。乙卯，太尉、長沙公陶侃薨。大旱，詔太官徹膳，省刑，恤孤寡，貶費節用。辛未，加平西將軍庾亮都督江、荆、豫、益、梁、雍六州諸軍事。

秋八月，大雩。自五月不雨，至于是月。

九月戊寅，散騎常侍、衞將軍、江陵公陸曄卒。

冬十月，李雄子期弑李班而自立，班弟玝與其將焦噲、羅凱等並來降。

十一月，石季龍弑石弘，自立爲天王。

十二月丁卯，以東海王沖爲車騎將軍，琅邪王岳爲驃騎將軍。蘭陵人朱縱斬石季龍將郭祥，以彭城來降。

咸康元年春正月庚午朔，帝加元服，大赦，改元，增文武位一等，大酺三日，賜鰥寡孤獨不能自存者米，人五斛。

二月甲子，帝親釋奠。揚州諸郡饑，遣使振給。

三月乙酉，幸司徒府。

夏四月癸卯，石季龍寇歷陽，加司徒王導大司馬、假黃鉞、都督征討諸軍事，以禦之。癸丑，帝觀兵于廣莫門，〔一五〕分命諸將，遣將軍劉仕救歷陽，平西將軍趙胤屯慈湖，龍驤將軍路永戍牛渚，建武將軍王允之戍蕪湖。司空郗鑒使廣陵相陳光帥衆衞京師，賊退向襄陽。戊午，解嚴。石季龍將石遇寇中廬，南中郎將王國退保襄陽。

秋八月，長沙、武陵大水。束帛徵處士翟湯、郭翻。

冬十月乙未朔，日有蝕之。

是歲，大旱，會稽餘姚尤甚，米斗五百價，〔一六〕人相賣。

二年春正月辛巳，彗星見于奎。以吳國內史虞潭爲衞將軍。

二月，算軍用稅米，空懸五十餘萬石，尚書謝褒已下免官。〔一七〕辛亥，立皇后杜氏，大赦，增文武位一等。庚申，高句驪遣使貢方物。

三月，旱，詔太官減膳，免所旱郡縣繇役。戊寅，大雩。

夏四月丁巳，皇后見于太廟。雨雹。

秋七月，揚州會稽饑，開倉振給。

冬十月，廣州刺史鄧嶽遣督護王隨擊夜郎，新昌太守陶協擊興古，並克之。詔曰：「歷觀先代，莫不褒崇明祀，賓禮三恪。故杞宋啓土，光于周典；宗姬侯衞，垂美漢册。自頃喪亂，庶邦殄悴，周漢之後，絕而莫繼。其詳求衞公、山陽公近屬，有履行修明，可以繼承其祀者，依舊典施行。」

新作朱雀浮桁。

十一月，遣建威將軍司馬勳安集漢中，爲李期將李壽所敗。

三年春正月辛卯，立太學。

夏六月，旱。

冬十月丁卯，慕容皝自立爲燕王。

四年春二月，石季龍帥衆七萬，擊段遼于遼西，遼奔于平崗。

夏四月，李壽弒李期，僭卽僞位，國號漢。石季龍爲慕容皝所敗，癸丑，加皝征北大將軍。

五月乙未，以司徒王導爲太傅、都督中外諸軍事，司空郗鑒爲太尉，征西將軍庾亮爲司空。

六月，改司徒爲丞相，以太傅王導爲之。

秋八月丙午，分寧州置安州。

五年春正月辛丑，大赦。

三月乙丑，〔一八〕廣州刺史鄧嶽伐蜀，建寧人孟彦執李壽將霍彪以降。

夏四月辛未，征西將軍庾亮遣參軍趙松擊巴郡、江陽，獲石季龍將李閎、黄植等。〔一九〕

秋七月庚申，使持節、侍中、丞相、領揚州刺史、始興公王導薨。辛酉，以護軍將軍何充錄尚書事。

八月壬午，復改丞相爲司徒。辛酉，〔二〇〕太尉、南昌公郗鑒薨。

九月，石季龍將夔安、李農陷沔南，張貉陷邾城，〔二一〕因寇江夏、義陽，征虜將軍毛寶、西陽太守樊俊、〔二二〕義陽太守鄭進並死之。夔安等進圍石城，竟陵太守李陽距戰，破之，斬首五千餘級。安乃退，遂略漢東，擁七千餘家遷于幽冀。

冬十二月丙戌，以驃騎將軍、琅邪王岳爲司徒。李壽將李奕寇巴東，守將勞揚戰敗，死之。

六年春正月庚子，使持節、都督江豫益梁雍交廣七州諸軍事、司空、都亭侯庾亮薨。辛亥，以左光祿大夫陸玩爲司空。

二月，慕容皝及石季龍將石成戰于遼西，敗之，獻捷于京師。庚辰，有星孛于太微。

三月丁卯，大赦。以車騎將軍、東海王沖爲驃騎將軍。李壽陷丹川，守將孟彥、劉齊、李秋皆死之。

秋七月乙卯，初依中興故事，朔望聽政于東堂。

冬十月，林邑獻馴象。十一月癸卯，復琅邪，比漢豐沛。

七年春二月甲子朔，日有蝕之。〔三〕己卯，慕容皝遣使求假燕王章璽，許之。
三月戊戌，杜皇后崩。
夏四月丁卯，葬恭皇后于興平陵。實編戶，王公已下皆正土斷白籍。
秋八月辛酉，驃騎將軍、東海王沖薨。
九月，罷太僕官。
冬十二月癸酉，司空、興平伯陸玩薨。除樂府雜伎。罷安州。

八年春正月己未朔，日有蝕之。乙丑，大赦。
三月，初以武悼楊皇后配饗武帝廟。
夏六月庚寅，帝不悆，詔曰：「朕以眇年，獲嗣洪緒，託于王公之上，于茲十有八年。未能闡融政道，翦除逋祲，夙夜戰兢，匪遑寧處。今遘疾殆不興，是用震悼于厥心。千齡眇眇，未堪艱難。司徒、琅邪王岳，親則母弟，體則仁長，君人之風，允塞時望。肆爾王公卿士，其輔之！以祗奉祖宗明祀，協和內外，允執其中。嗚呼，敬之哉！無墜祖宗之顯命。」壬辰，引武陵王晞、會稽王昱、中書監庾冰、中書令何充、尚書令諸葛恢並受顧命。癸巳，帝崩于西堂，時年二十二，葬興平陵，廟號顯宗。

帝少而聰敏，有成人之量。南頓王宗之誅也，帝不之知，及蘇峻平，問庾亮曰：「常日白頭公何在？」亮對以謀反伏誅。帝泣謂亮曰：「舅言人作賊，便殺之，人言舅作賊，復若何？」亮懼，變色。庾懌嘗送酒於江州刺史王允之，允之與犬，犬斃，懼而表之。帝怒曰：「大舅已亂天下，小舅復欲爾邪？」懌聞，飲藥而死。然少爲舅氏所制，不親庶政。及長，頗留心萬機，務在簡約，常欲于後園作射堂，計用四十金，以勞費乃止。雄武之度，雖有愧於前王；恭儉之德，足追蹤于往烈矣。

康帝

康皇帝諱岳，字世同，成帝母弟也。咸和元年封吳王，二年徙封琅邪王，九年拜散騎常侍，加驃騎將軍；咸康五年遷侍中、司徒。

八年六月庚寅，成帝不悆，詔以琅邪王爲嗣。癸巳，成帝崩。甲午，卽皇帝位，大赦。諸屯戍文武及二千石官長，不得輒離所局而來奔赴。己亥，封成帝子丕爲琅邪王，奕爲東海王。時帝諒陰不言，委政于庾冰、何充。秋七月丙辰，葬成皇帝于興平陵。帝親奉奠于西階，既發引，徒行至閶闔門，升素輿，至于陵所。己未，以中書令何充爲驃騎將軍。

八月辛丑，彭城王紘薨。以江州刺史王允之爲衞將軍。

九月，詔琅邪國及府吏進位各有差。

冬十月甲午，衞將軍王允之卒。

十二月，增文武位二等。壬子，立皇后褚氏。

建元元年春正月，改元，振恤鰥寡孤獨。

三月，以中書監庾冰爲車騎將軍。

夏四月，益州刺史周撫、西陽太守曹據伐李壽，敗其將李恆于江陽。〔二四〕

五月，旱。

六月壬午，又以束帛徵處士尋陽翟湯、〔二五〕會稽虞喜。

有司奏，成帝崩一周，請改素服，御進膳如舊。壬寅，詔曰：「禮之降殺，因時而寢興，誠無常矣。至於君親相準，名教之重，莫之改也。權制之作，蓋出近代，雖曰適事，實弊薄之始。先王崇之，後世猶怠，而況因循，又從輕降，義弗可矣。」

石季龍帥衆伐慕容皝，皝大敗之。

秋七月，石季龍將戴開帥衆來降。丁巳，詔曰：「慕容皝摧殄羯寇，乃云死沒八萬餘人，將是其天亡之始也。中原之事，宜加籌量。且戴開已帥部黨歸順，宜見慰勞。其遣使詣安西、驃騎，諮謀諸軍事。」以輔國將軍、琅邪內史桓溫爲前鋒小督、假節，帥衆入臨淮，安西將軍庾翼爲征討大都督，遷鎮襄陽。

庚申，晉陵、吳郡災。

八月，李壽死，子勢嗣僞位。石季龍使其將劉寧攻陷狄道。

冬十月辛巳，以車騎將軍庾冰都督荊江司雍益梁六州諸軍事、江州刺史，以驃騎將軍何充爲中書監、都督揚豫二州諸軍事、揚州刺史、錄尙書事，輔政。以琅邪內史桓溫都督青徐兗三州諸軍事、徐州刺史，褚裒爲衞將軍、領中書令。

十一月己巳，大赦。

十二月，石季龍侵張駿，駿使其將軍謝艾拒之，大戰于河西，季龍敗績。十二月，高句驪遣使朝獻。

二年春正月，張駿遣其將和驎、謝艾討南羌于闐和，大破之。

二月，慕容皝及鮮卑帥宇文歸戰于昌黎，歸衆大敗，奔于漠北。

四月，張駿將張瓘敗石季龍將王擢于三交城。

秋八月丙子，進安西將軍庾翼爲征西將軍。庚辰，持節、都督司雍梁三州諸軍事、梁州刺史、平北將軍、竟陵公桓宣卒。

丁巳，〔二六〕以衞將軍褚裒爲特進、都督徐兗二州諸軍事、兗州刺史，鎭金城。

九月，巴東太守楊謙擊李勢、勢將申陽，走之，獲其將樂高。丙申，立皇子聃爲皇太子。

戊戌，帝崩于式乾殿，時年二十三，葬崇平陵。

初，成帝有疾，中書令庾冰自以舅氏當朝，權侔人主，恐異世之後，戚屬將疏，乃言國有强敵，宜立長君，遂以帝爲嗣。制度年號，再興中朝，因改元曰建元。或謂冰曰：「郭璞讖云『立始之際丘山傾』，立者，建也；始者，元也；丘山，諱也。」冰瞿然，既而歎曰：「如有吉凶，豈改易所能救乎？」至是果驗云。

史臣曰：肆虐滔天，豈伊朝夕。若乃詳刑不怨，庶情猶仰，又可以見逆順之機焉。成帝因削弱之資，守江淮之地，政出渭陽，聲乖威服。凶徒既縱，神器阽危，京華無敖庾之資，宮室類咸陽之火。桀犬吠堯，封狐嗣亂，方諸后羿，曷若斯之甚也。反我皇駕，不有晉文之師，繫于苞桑，且賴陶公之力。古之侯服，不幸臣家，天子宣遊，則避宮北面，聞諸遺策，用爲恆範。顯宗于王導之門，斂衣前拜，豈魯公受玉之卑乎！帝亦克儉于躬，庶能激揚流弊者也。

贊曰：惟皇夙表，余舅爲毗。勤於致寇，拙於行師。火及君屋，兵纏帝帷。石頭之駕，海內含悲。康后天資，居哀禮縟。墜典方興，降齡奚促。

校勘記

〔一〕秋九月癸卯 舉正：「癸卯」誤書「辛丑」前。按：九月癸巳朔，癸卯爲十一日，辛丑爲初九。

〔二〕觀陽伯應詹卒 斠注：明紀及詹傳並作「觀陽縣侯」。按：明紀封賞諸人，應詹與郗鑒同，郗鑒爲縣侯，詹亦應爲縣侯。疑此誤。御覽二百引晉中興書作「觀寧侯」，雖誤「觀陽」爲「觀寧」，然作「侯」不作「伯」，亦可證。

〔三〕曹勳 宋本、類聚五一、册府一七三、御覽二〇一引晉中興書及通典七四「勳」並作「勵」。

〔四〕任回 「回」本作「佪」，明紀、李雄載記、王遜傳、華陽國志九皆作「回」，今改從一律。

〔五〕張瑾 周校：蘇峻傳、王舒傳俱作「張健」。按：郗鑒傳、通鑑九四亦作「張健」。

〔六〕劉曜太子毗 李校：劉曜、石勒載記「毗」並作「熙」，通鑑九四亦作「熙」。

〔七〕秋八月石勒僭即皇帝位 御覽一二〇引後趙錄勒稱帝在九月，通鑑九四亦在九月。

〔八〕郭敬遂寇襄陽 商榷：「寇」字當作「毁」。按：通鑑九四作「敬毁襄陽城」，宜從之。

〔九〕紘子俊　「俊」原作「浚」。高密文獻王、彭城穆王傳「浚」均作「俊」，通鑑九四亦作「俊」，今據改，以歸一律。

〔一〇〕楊謙　本作「陽謙」。康紀、李雄載記、通鑑九四均作「楊謙」，今改從一律。

〔一一〕二月己丑　二月壬辰朔，無己丑。

〔一二〕復故河間王至融爲樂成王　封融文已見光熙元年，此時融已死，不得再受封，「封」字下「彭城王植子融爲樂成王」十字蓋衍文。說詳周校。又「復故河間王顒爵位」八字應在上年九月「徙樂成王欽爲河間王」上，欽之徙封，卽復顒爵位，而爲融之嗣也，見河間王顒傳。

〔一三〕乙未　舉正：上文正月辛亥朔，本月無乙未。

〔一四〕以郭權爲鎭西將軍雍州刺史　周校：石勒載記作「秦州刺史」。斠注：宋書天文志云「郭權以秦州歸從」，自當以權爲秦州。

〔一五〕廣莫門　建康實錄七作「廣陽門」，注云，宮苑記晉時未有廣莫門，本史誤。

〔一六〕米斗五百價　周校：咸和四年大饑，米斗萬錢，今僅五百，不足爲貴，疑「斗」當作「升」。

〔一七〕算軍用稅米至免官　食貨志「軍用」作「度田」。

〔一八〕三月乙丑　三月丙子朔，無乙丑。

〔一九〕擊巴郡江陽獲石季龍將李閎黃植等　「黃植」本作「黃桓」。庾亮傳作「黃植」，通鑑九六亦作

「黃植」，今改從一律。「李閎」，石勒載記作「李宏」，「石季龍將」。擧正：「巴郡江陽乃李氏地，非石氏所有」，通鑑九六作「執漢荆州刺史李閎、巴郡太守黃植」爲是。

〔三〇〕辛酉　擧正：上七月已書「辛酉」，此「辛酉」日誤。按：八月癸酉朔，無辛酉。

〔三一〕張貉　毛寶傳作「張狢渡」，石季龍載記作「張賀度」。

〔三二〕樊俊　庾亮傳、毛寶傳及通鑑九六並作「樊峻」。

〔三三〕二月甲子朔日有蝕之　「甲子」原作「甲午」。周校：「天文志作『甲子』，合之下三月戊戌，當爲甲子。」按：宋書五行志五、建康實錄七、通鑑九六俱作「甲子」，今據改。

〔三四〕李恆　庾翼傳作「李桓」。

〔三五〕尋陽翟湯　「尋陽」原作「南陽」，據成紀、隱逸傳、冊府九八改。

〔三六〕丁巳　丁巳乃閏八月十四日，此脫「閏月」二字。通鑑九七有。

晉書卷八

帝紀第八

穆帝

穆皇帝諱聃，字彭子，康帝子也。建元二年九月丙申，立爲皇太子。戊戌，康帝崩。己亥，太子卽皇帝位，時年二歲。大赦，尊皇后爲皇太后。壬寅，皇太后臨朝攝政。

冬十月乙丑，葬康皇帝于崇平陵。

十一月庚辰，車騎將軍庾冰卒。

永和元年春正月甲戌朔，皇太后設白紗帷於太極殿，〔一〕抱帝臨軒。改元。甲申，進鎭軍將軍、武陵王晞爲鎭軍大將軍、開府儀同三司，以鎭軍將軍顧衆爲尚書右僕射。〔二〕

夏四月壬戌，詔會稽王昱錄尚書六條事。

五月戊寅，大雩。尚書令、金紫光祿大夫、建安伯諸葛恢卒。

六月癸亥，地震。

秋七月庚午，持節、都督江荊司梁雍益寧七州諸軍事、江州刺史、征西將軍、都亭侯庾翼卒。翼部將干瓚、〔三〕戴羲等殺冠軍將軍曹據，舉兵反，安西司馬朱燾討平之。

八月，豫州刺史路永叛奔於石季龍。庚辰，〔四〕以輔國將軍、徐州刺史桓溫爲安西將軍、持節、都督荊司雍益梁寧六州諸軍事，領護南蠻校尉、荊州刺史。石季龍將路永屯于壽春。

九月丙申，皇太后詔曰：「今百姓勞弊，其共思詳所以振卹之宜。及歲常調非軍國要急者，並宜停之。」

冬十二月，李勢將爨頠來奔。涼州牧張駿伐焉耆，降之。

二年春正月丙寅，大赦。己卯，使持節、侍中、都督揚州諸軍事、揚州刺史、驃騎將軍、錄尚書事、都鄉侯何充卒。

二月癸丑，以左光祿大夫蔡謨領司徒，錄尚書六條事、撫軍大將軍、會稽王昱及謨並輔政。

三月丙子，以前司徒左長史殷浩爲建武將軍、揚州刺史。

夏四月己酉朔，日有蝕之。

五月丙戌，涼州牧張駿卒，子重華嗣。

六月，石季龍將王擢襲武街，執張重華護軍胡宣。又使麻秋、孫伏都伐金城，太守張沖降之。重華將謝艾擊秋，敗之。

秋七月，以兗州刺史褚裒爲征北大將軍、開府儀同三司。

冬十月，地震。

十一月辛未，安西將軍桓溫帥征虜將軍周撫、輔國將軍、譙王無忌，建武將軍袁喬伐蜀，拜表輒行。

十二月，枉矢自東南流於西北，其長竟天。〔五〕

三年春三月乙卯，桓溫攻成都，克之。丁亥，李勢降，〔六〕益州平。林邑范文攻陷日南，害太守夏侯覽，以尸祭天。

夏四月，地震。蜀人鄧定、隗文舉兵反，桓溫又擊破之，使益州刺史周撫鎮彭模。丁巳，鄧定、隗文復入據成都，征虜將軍楊謙棄涪城，退保德陽。

五月戊申，進慕容皝爲安北將軍。石季龍又使其將石寧、麻秋等伐涼州，次於曲柳。

張重華使將軍牛旋禦之，退守枹罕。

六月辛酉，大赦。

秋七月，范文復陷日南，害督護劉雄。隗文立范賁爲帝。

八月戊午，張重華將謝艾進擊麻秋，大敗之。

九月，地震。

冬十月乙丑，假涼州刺史張重華大都督隴右關中諸軍事、護羌校尉、大將軍，武都氐王楊初爲征南將軍、雍州刺史、平羌校尉、仇池公，並假節。

十二月，振威護軍蕭敬文害征虜將軍楊謙，〔七〕攻涪城，陷之。遂取巴西，通于漢中。

四年夏四月，范文寇九德，〔八〕多所殺害。

五月，大水。

秋八月，進安西將軍桓溫爲征西大將軍、開府儀同三司，封臨賀郡公；西中郎將謝尚爲安西將軍。

九月丙申，慕容皝死，子儁嗣僞位。

冬十月己未，地震。石季龍使其將苻健寇竟陵。

十二月，豫章人黃韜自號孝神皇帝，聚衆數千，寇臨川，太守庾條討平之。

五年春正月辛巳朔，〔九〕大赦。庚寅，地震。石季龍僭即皇帝位于鄴。

二月，征北大將軍褚裒使部將王龕北伐，獲石季龍將支重。

夏四月，益州刺史周撫、龍驤將軍朱燾擊范賁，〔一〇〕獲之，益州平。封周撫爲建城公。假慕容儁大將軍、幽平二州牧、大單于、燕王。征西大將軍桓溫遣督護滕畯討范文，爲文所敗。石季龍死，子世嗣僞位。

五月，石遵廢世而自立。

六月，桓溫屯安陸，遣諸將討河北。石遵揚州刺史王浹以壽陽來降。

秋七月，褚裒進次彭城，遣部將王龕、李邁及石遵將李農戰于代陂，〔一一〕王師敗績，王龕爲農所執，李邁死之。

八月，褚裒退屯廣陵，西中郎將陳逵焚壽春而遁。梁州刺史司馬勳攻石遵長城戍，仇池公楊初襲西城，皆破之。

冬十月，石遵將石遇攻宛，陷之，執南陽太守郭啓。司馬勳進次懸鉤，石季龍故將麻秋距之，勳退還梁州。

十一月丙辰，石鑒弑石遵而自立。

十二月己酉，使持節、都督徐兗二州諸軍事、徐州刺史、征北大將軍、開府儀同三司、都鄉侯褚裒卒。以建武將軍、吳國內史荀羨爲使持節、監徐兗二州諸軍事、北中郎將、徐州刺史。

六年春正月，帝臨朝，以褚裒喪故，懸而不樂。

閏月，冉閔弑石鑒，僭稱天王，國號魏。鑒弟祗僭帝號于襄國。丁丑，彗星見于亢。己丑，加中軍將軍殷浩督揚豫徐兗青五州諸軍事、假節。氐帥苻洪遣使來降，以爲氐王，封廣川郡公。假洪子健節，監河北諸軍事、右將軍，封襄國縣公。

三月，石季龍故將麻秋鴆殺苻洪于枋頭。

夏五月，大水。廬江太守袁眞攻合肥，克之。

六月，石祗遣其弟琨攻冉閔將王泰于邯鄲，琨師敗績。

秋八月，輔國將軍、譙王無忌薨。苻健帥衆入關。

冬十一月，冉閔圍襄國。

十二月，免司徒蔡謨爲庶人。

是歲，大疫。

七年春正月丁酉，〔一二〕日有蝕之。辛丑，鮮卑段龕以青州來降。苻健僭稱王，國號秦。

二月戊寅，以段龕爲鎮北將軍，封齊公。石祗大敗冉閔于襄國。

夏四月，梁州刺史司馬勳出步騎三萬，自漢中入秦川，與苻健戰于五丈原，王師敗績。

加尚書令顧和開府儀同三司。劉顯弑石祗。

五月，祗兗州刺史劉啓自鄄城來奔。

秋七月，尚書令、左光祿大夫、開府儀同三司顧和卒。甲辰，濤水入石頭，溺死者數百人。

八月，冉閔豫州牧張遇以許昌來降，〔一三〕拜鎮西將軍。

九月，峻陽、太陽二陵崩。甲辰，帝素服臨于太極殿三日，遣兼太常趙拔修復山陵。

冬十月，雷雨，震電。

十一月，石祗將姚弋仲、冉閔將魏脫各遣使來降，〔一四〕以弋仲爲車騎將軍、大單于，封高陵郡公；弋仲子襄爲平北將軍、都督并州諸軍事、并州刺史、平鄉縣公；〔一五〕脫爲安北將軍、監冀州諸軍事、冀州刺史。

十二月辛未，征西大將軍桓溫帥衆北伐，次于武昌而止。時石季龍故將周成屯廪丘，高昌屯野王，樂立屯許昌，李歷屯衞國，皆相次來降。

八年春正月辛卯，日有蝕之。劉顯僭帝號于襄國，冉閔擊破，殺之。苻健僭帝號于長安。

二月，峻平、崇陽二陵崩。戊辰，帝臨三日，遣殿中都尉王惠如洛陽，以衞五陵。鎮西將軍張遇反于許昌，使其黨上官恩據洛陽。樂弘攻督護戴施於倉垣。

三月，使北中郎將荀羨鎮淮陰。苻健別帥侵順陽，太守薛珍擊破之。

夏四月，冉閔爲慕容儁所滅。儁僭帝號于中山，稱燕。安西將軍謝尚帥姚襄與張遇戰于許昌之誡橋，王師敗績。苻健使其弟雄襲遇，虜之。

秋七月，大雩。石季龍故將王擢遣使請降，拜征西將軍、秦州刺史。丁酉，以鎮軍大將軍、武陵王晞爲太宰，撫軍大將軍、會稽王昱爲司徒，征西大將軍桓溫爲太尉。

八月，平西將軍周撫討蕭敬文于涪城，斬之。冉閔子智以鄴降，督護戴施獲其傳國璽，送之，文曰「受天之命，皇帝壽昌」，百僚畢賀。

九月，冉智爲其將馬願所執，降于慕容恪。中軍將軍殷浩帥衆北伐，次泗口，遣河南太守戴施據石門，滎陽太守劉遂戍倉垣。

冬十月，秦州刺史王擢爲苻健所逼，奔于涼州。

九年春正月乙卯朔，大赦。張重華使王擢與苻健將苻雄戰，擢師敗績。丙寅，皇太后與帝同拜建平陵。

三月，旱。交州刺史阮敷討林邑范佛于日南，破其五十餘壘。

夏四月，以安西將軍謝尚爲尚書僕射。

五月，大疫。張重華復使王擢襲秦州，取之。仇池公楊初爲苻雄所敗。

秋七月丁酉，地震，〔一六〕有聲如雷。

八月，遣兼太尉、河間王欽修復五陵。

冬十月，中軍將軍殷浩進次山桑，使平北將軍姚襄爲前鋒。襄叛，反擊浩，浩棄輜重，退保譙城。丁未，涼州牧張重華卒，子耀靈嗣。是月，張祚弒耀靈而自稱涼州牧。

十一月，殷浩使部將劉啓、王彬之討姚襄，復爲襄所敗，襄遂進據芍陂。

十二月，加尚書僕射謝尚爲都督豫、揚、江西諸軍事，領豫州刺史，鎮歷陽。

十年春正月己酉朔，帝臨朝，以五陵未復，懸而不樂。涼州牧張祚僭帝位。冉閔降將周成舉兵反，自宛陵襲洛陽。〔一七〕辛酉，河南太守戴施奔鮪渚。丁卯，地震，有聲如雷。

二月己丑，太尉、征西將軍桓溫帥師伐關中。廢揚州刺史殷浩爲庶人，以前會稽內史王述爲揚州刺史。

夏四月己亥，溫及苻健子萇戰于藍田，大敗之。

五月，江西乞活郭敞等執陳留內史劉仕而叛，〔一八〕京師震駭，以吏部尚書周閔爲中軍將軍，屯于中堂，豫州刺史謝尚自歷陽還衞京師。

六月，苻健將苻雄悉衆及桓溫戰于白鹿原，王師敗績。

秋九月辛酉，桓溫糧盡，引還。

十一年春正月甲辰，侍中、汝南王統薨。平羌校尉、仇池公楊初爲其部將梁式所害，初子國嗣位，因拜鎮北將軍、秦州刺史。齊公段龕襲慕容儁將榮國於郎山，敗之。

夏四月壬申，隕霜。乙酉，地震。姚襄帥衆寇外黃，冠軍將軍高季大破之。

五月丁未，地又震。

六月，苻健死，其子生嗣僞位。

秋七月，宋混、張瓘弑張祚，而立耀靈弟玄靚爲大將軍、涼州牧，遣使來降。以吏部尚書周閔爲尙書左僕射，領軍將軍王彪之爲尙書右僕射。

冬十月，進豫州刺史謝尚督幷冀幽三州諸軍事、鎭西將軍，鎭馬頭。

十二月，慕容恪帥衆寇廣固。壬戌，上黨人馮鴦自稱太守，背苻生遣使來降。

十二年春正月丁卯，帝臨朝，以皇太后母喪，懸而不樂。鎭北將軍段龕及慕容恪戰于廣固，大敗之，恪退據安平。

二月辛丑，帝講孝經。

三月，姚襄入于許昌，以太尉桓溫爲征討大都督以討之。

秋八月己亥，桓溫及姚襄戰于伊水，大敗之。襄走平陽，徙其餘衆三千餘家於江漢之間，執周成而歸。使揚武將軍毛穆之，督護陳午，輔國將軍、河南太守戴施鎭洛陽。

冬十月癸巳朔，日有蝕之。慕容恪攻段龕於廣固，使北中郎將荀羨帥師次于琅邪以救之。

十一月，遣兼司空、散騎常侍車灌，龍驤將軍袁眞等持節如洛陽，修五陵。

十二月庚戌，以有事于五陵，告于太廟，帝及羣臣皆服緦，于太極殿臨三日。

是歲，仇池公楊國爲其從父俊所殺，俊自立。

升平元年春正月壬戌朔，帝加元服，告于太廟，始親萬機。大赦，改元，增文武位一等。皇太后居崇德宮。丁丑，隕石于槐里一。是月，鎮北將軍、齊公段龕爲慕容恪所陷，遇害。扶南竺旃檀獻馴象，〔一九〕詔曰：「昔先帝以殊方異獸或爲人患，禁之。今及其未至，可令還本土。」

三月，帝講孝經。壬申，親釋奠于中堂。

夏五月庚午，鎮西將軍謝尚卒。苻生將苻眉、〔二〇〕苻堅擊姚襄，戰於三原，斬之。

六月，苻堅殺苻生而自立。以軍司謝奕爲使持節、都督、安西將軍、豫州刺史。

秋七月，苻堅將張平以幷州降，遂以爲幷州刺史。

八月丁未，立皇后何氏，大赦，賜孝悌鰥寡米，人五斛，逋租宿債皆勿收，大酺三日。

冬十月，皇后見於太廟。

十一月，雷。

十二月，以太常王彪之爲尚書左僕射。

二年春正月，司徒、會稽王昱稽首歸政，帝不許。

三月，慕容儁陷冀州諸郡，詔安西將軍謝奕、北中郎將荀羡北伐。三月，〔三〕佽飛督王饒獻鴆鳥，帝怒，鞭之二百，使殿中御史焚其鳥于四達之衢。

夏五月，大水。有星孛于天船。

六月，并州刺史張平爲苻堅所逼，帥衆三千奔于平陽，堅追敗之。慕容恪進據上黨，冠軍將軍馮鴦以衆叛歸慕容儁，儁盡陷河北之地。

秋八月，安西將軍謝奕卒。壬申，以吳興太守謝萬爲西中郎將、持節、監司豫冀并四州諸軍事、豫州刺史。以散騎常侍郗曇爲北中郎將、持節、都督徐兗青冀幽五州諸軍事、徐兗二州刺史，鎮下邳。

冬十月乙丑，陳留王曹勱薨。〔三〕

十一月庚子，雷。辛酉，地震。

十二月，北中郎將荀羡及慕容儁戰于山茌，王師敗績。

三年春三月甲辰，詔以比年出軍，糧運不繼，王公已下十三戶借一人一年助運。

秋七月，平北將軍高昌爲慕容儁所逼，自白馬奔于滎陽。

冬十月，慕容儁寇東阿，遣西中郎將謝萬次下蔡，北中郎將郗曇次高平以擊之，王師敗績。

十一月戊子，進揚州刺史王述爲衞將軍。

十二月，又以中軍將軍、琅邪王丕爲驃騎將軍，東海王奕爲車騎將軍。封武陵王晞子璲爲梁王。交州刺史溫放之帥兵討林邑參黎、耽潦，並降之。

四年春正月，仇池公楊俊卒，子世嗣。丙戌，慕容儁死，子暐嗣僞位。

二月，鳳皇將九雛見于豐城。

秋七月，以軍役繁興，省用徹膳。

八月辛丑朔，日有蝕之，旣。

冬十月，天狗流于西南。

十一月，封太尉桓溫爲南郡公，溫弟沖爲豐城縣公，子濟爲臨賀郡公。鳳皇復見豐城，衆鳥隨之。

五年春正月戊戌，大赦，賜鰥寡孤獨不能自存者，人米五斛。北中郎將、都督徐兗青冀幽五州諸軍事、徐兗二州刺史郗曇卒。

二月，以鎮軍將軍范汪爲都督徐兗青冀幽五州諸軍事、安北將軍、徐兗二州刺史。平南將軍、廣州刺史、陽夏侯滕含卒。

夏四月，大水。太尉桓溫鎮宛，使其弟豁將兵取許昌。鳳皇見于沔北。

五月丁巳，帝崩于顯陽殿，時年十九。葬永平陵，廟號孝宗。

哀帝

哀皇帝諱丕，字千齡，成帝長子也。咸康八年，封爲琅邪王。永和元年拜散騎常侍，十二年加中軍將軍，升平三年除驃騎將軍。

五年五月丁巳，穆帝崩。皇太后令曰：「帝奄不救疾，胤嗣未建。琅邪王丕，中興正統，明德懋親。昔在咸康，屬當儲貳。以年在幼沖，未堪國難，故顯宗高讓。今義望情地，莫與爲比，其以王奉大統。」于是百官備法駕，迎于琅邪第。庚申，卽皇帝位，大赦。壬戌，詔曰：「朕獲承明命，入纂大統。顧惟先王宗廟，蒸嘗無主，太妃喪庭，廓然靡寄，悲痛感摧，五內抽割。宗國之尊，情禮兼隆，胤嗣之重，義無與二。東海王奕，戚屬親近，宜奉本統，其以奕爲琅邪王。」

秋七月戊午，葬穆皇帝于永平陵。慕容恪攻陷野王，守將呂護退保滎陽。

八月己卯夜，天裂，廣數丈，有聲如雷。

九月戊申，立皇后王氏。穆帝皇后何氏稱永安宮。呂護叛奔于慕容暐。

冬十月，安北將軍范汪有罪，廢爲庶人。

十一月丙辰，詔曰：「顯宗成皇帝顧命，以時事多艱，弘高世之風，樹德博重，以隆社稷。而國故不已，康穆早世，胤祚不融。朕以寡德，復承先緒，感惟永慕，悲痛兼摧。夫昭穆之義，固宜本之天屬。繼體承基，古今常道。宜上嗣顯宗，以修本統。」

十二月，加涼州刺史張玄靚爲大都督隴右諸軍事、護羌校尉、西平公。

隆和元年春正月壬子，大赦，改元。甲寅，減田稅，畝收二升。是月，慕容暐將呂護、傅末波攻陷小壘，〔二三〕以逼洛陽。

二月辛未，以輔國將軍、吳國內史庾希爲北中郎將、徐兗二州刺史，鎭下邳；前鋒監軍、龍驤將軍袁眞爲西中郎將、監護豫司幷冀四州諸軍事、豫州刺史，鎭汝南，並假節。丙子，尊所生周氏爲皇太妃。

三月甲寅朔，〔二四〕日有蝕之。

夏四月，旱。詔出輕繫，振困乏。丁丑，梁州地震，〔三五〕浩亹山崩。呂護復寇洛陽。乙酉，輔國將軍、河南太守戴施奔于宛。

五月丁巳，遣北中郎將庾希、竟陵太守鄧遐以舟師救洛陽。

秋七月，呂護等退守小平津。進琅邪王奕爲侍中、驃騎大將軍、開府。鄧遐進屯新城，庾希部將何謙及慕容暐將劉則戰于檀丘，破之。

八月，西中郎將袁眞進次汝南，運米五萬斛以饋洛陽。

冬十月，賜貧乏者米，人五斛。章武王珍薨。

十二月戊午朔，日有蝕之。詔曰：「戎旅路次，未得輕簡賦役。玄象失度，亢旱爲患。豈政事未洽，將有板築、渭濱之士邪！其搜揚隱滯，蠲除苛碎，詳議法令，咸從損要。」庾希自下邳退鎭山陽，袁眞自汝南退鎭壽陽。

興寧元年春二月己亥，〔三六〕大赦，改元。

三月壬寅，皇太妃薨于琅邪第。癸卯，帝奔喪，詔司徒、會稽王昱總內外衆務。

夏四月，慕容暐寇滎陽，太守劉遠奔魯陽。甲戌，揚州地震，湖瀆溢。

五月，加征西大將軍桓溫侍中、大司馬、都督中外諸軍事、錄尚書事、假黃鉞。復以西中郎將袁眞都督司、冀、幷三州諸軍事，北中郎將庾希都督青州諸軍事。癸卯，慕容暐陷密城，滎陽太守劉遠奔于江陵。

秋七月，張天錫弑涼州刺史、西平公張玄靚，自稱大將軍、護羌校尉、涼州牧、西平公。丁酉，葬章皇太妃。

八月，有星孛于角亢，入天市。

九月壬戌，大司馬桓溫帥衆北伐。癸亥，以皇子生，大赦。

冬十月甲申，立陳留王世子恢爲王。

十一月，姚襄故將張駿殺江州督護趙毗，焚武昌，略府藏以叛，江州刺史桓沖討斬之。

是歲，慕容暐將慕容塵攻陳留太守袁披于長平，汝南太守朱斌承虛襲許昌，克之。

二年春二月庚寅，江陵地震。慕容暐將慕容評襲許昌，潁川太守李福死之。評遂侵汝南，太守朱斌遁于壽陽。又進圍陳郡，太守朱輔嬰城固守。桓溫遣江夏相劉岵擊退之。改左軍將軍爲遊擊將軍，罷右軍、前軍、後軍將軍五校三將官。癸卯，帝親耕藉田。

三月庚戌朔，大閱戶人，嚴法禁，稱爲庚戌制。辛未，帝不悆。帝雅好黃老，斷穀，餌長生藥，服食過多，遂中毒，不識萬機，崇德太后復臨朝攝政。

夏四月甲申，慕容暐遣其將李洪侵許昌，王師敗績于懸瓠，朱斌奔于淮南，朱輔退保彭城。桓溫遣西中郎將袁眞、江夏相劉岵等鑿楊儀道以通運，溫帥舟師次于合肥，慕容塵復屯許昌。

五月，遷陳人于陸以避之。〔二七〕戊辰，以揚州刺史王述爲尚書令、衞將軍，以桓溫爲揚州牧、錄尚書事。壬申，遣使喻溫入相，溫不從。

秋七月丁卯，復徵溫入朝。

八月，溫至赭圻，遂城而居之。苻堅別帥侵河南，慕容暐寇洛陽。

九月，冠軍將軍陳祐留長史沈勁守洛陽，帥衆奔新城。

三年春正月庚申，皇后王氏崩。

二月，乙未，以右將軍桓豁監荆州揚州之義城雍州之京兆諸軍事、領南蠻校尉、荆州刺史，桓沖監江州荆州之江夏隨郡豫州之汝南西陽新蔡潁川六郡諸軍事、南中郎將、江州刺史，領南蠻校尉，並假節。

丙申，帝崩于西堂，時年二十五。葬安平陵。

海西公

廢帝諱奕，字延齡，哀帝之母弟也。咸康八年封爲東海王。永和八年拜散騎常侍，尋加鎮軍將軍，升平四年拜車騎將軍。五年，改封琅邪王。隆和初，轉侍中、驃騎大將軍、開府儀同三司。

興寧三年二月丙申，哀帝崩，無嗣。丁酉，皇太后詔曰：「帝遂不救厥疾，艱禍仍臻，遺緒泯然，哀慟切心。琅邪王奕，明德茂親，屬當儲嗣，宜奉祖宗，纂承大統。便速正大禮，以寧人神。」於是百官奉迎于琅邪第。是日，卽皇帝位，大赦。

三月壬申，葬哀皇帝于安平陵。癸酉，散騎常侍、河間王欽薨。丙子，〔二八〕慕容暐將慕容恪陷洛陽，寧朔將軍竺瑤奔于襄陽，冠軍長史、揚武將軍沈勁死之。

夏六月戊子，使持節、都督益寧二州諸軍事、鎮西將軍、益州刺史、建城公周撫卒。

秋七月，匈奴左賢王衞辰、右賢王曹轂帥衆二萬侵苻堅杏城。〔二九〕己酉，改封會稽王昱爲琅邪王。壬子，立皇后庾氏。封琅邪王昱子昌明爲會稽王。

冬十月，梁州刺史司馬勳反，自稱成都王。十一月，帥衆入劍閣，攻涪，西夷校尉毌丘暐棄城而遁。乙卯，圍益州刺史周楚于成都，桓溫遣江夏相朱序救之。

十二月戊戌，以會稽內史王彪之爲尚書僕射。

太和元年春二月己丑，以涼州刺史張天錫爲大將軍、都督隴右關中諸軍事、西平郡公。丙申，以宣城內史桓祕爲持節、監梁益二州征討諸軍事。

三月辛亥，新蔡王邈薨。荆州刺史桓豁遣督護桓羆攻南鄭，魏興人畢欽舉兵以應羆。

夏四月，旱。

五月戊寅，皇后庾氏崩。朱序攻司馬勳于成都，衆潰，執勳，斬之。

秋七月癸酉，葬孝皇后于敬平陵。

九月甲午，曲赦梁、益二州。

冬十月辛丑，苻堅將王猛、楊安攻南鄉，荆州刺史桓豁救之，師次新野而猛、安退。以會稽王昱爲丞相。

十二月，南陽人趙弘、趙憶等據宛城反，太守桓澹走保新野。〔三〇〕慕容暐將慕容厲陷魯郡、高平。

二年春正月，北中郎將庾希有罪，走入于海。

夏四月，慕容暐將慕容塵寇竟陵，太守羅崇擊破之。苻堅將王猛寇涼州，張天錫距之，猛師敗績。

五月，右將軍桓豁擊趙憶，走之，進獲慕容暐將趙槃，送于京師。

秋九月，以會稽內史郗愔爲都督徐兗青幽四州諸軍事、平北將軍、徐州刺史。

冬十月乙巳，彭城王玄薨。

三年春三月丁巳朔，日有蝕之。癸亥，大赦。

夏四月癸巳，雨雹，大風折木。

秋八月壬寅，尚書令、衞將軍、藍田侯王述卒。

四年夏四月庚戌，大司馬桓溫帥衆伐慕容暐。

秋七月辛卯，暐將慕容垂帥衆距溫，溫擊敗之。〔三〕

九月戊寅，桓溫裨將鄧遐、朱序遇暐將傅末波于林渚，又大破之。戊子，溫至枋頭。丙申，以糧運不繼，焚舟而歸。辛丑，慕容垂追敗溫後軍于襄邑。

冬十月，大星西流，有聲如雷。己巳，溫收散卒，屯于山陽。豫州刺史袁眞以壽陽叛。

十一月辛丑，桓溫自山陽及會稽王昱會于涂中，將謀後舉。十二月，遂城廣陵而居之。

五年春正月己亥，袁眞子雙之、愛之害梁國內史朱憲、汝南內史朱斌。

二月癸酉，袁眞死，陳郡太守朱輔立眞子瑾嗣事，求救于慕容暐。

夏四月辛未，桓溫部將竺瑤破瑾于武丘。

秋七月癸酉朔，日有蝕之。

八月癸丑，桓溫擊袁瑾于壽陽，敗之。

九月，苻堅將王猛伐慕容暐，陷其上黨。廣漢妖賊李弘與益州妖賊李金根聚衆反，〔三〕弘自稱聖王，衆萬餘人，梓潼太守周虓討平之。

冬十月，王猛大破慕容暐將慕容評于潞川。

十一月，猛克鄴，獲慕容暐，盡有其地。

六年春正月，苻堅遣將王鑒來援袁瑾，將軍桓伊逆擊，大破之。丁亥，桓溫克壽陽，斬袁瑾。

三月壬辰，監益寧二州諸軍事、冠軍將軍、益州刺史、建城公周楚卒。

夏四月戊午，大赦，賜窮獨米，人五斛。苻堅將苻雅伐仇池，仇池公楊纂降之。

六月，京都及丹楊、晉陵、吳郡、吳興、臨海並大水。

秋八月，以前寧州刺史周仲孫爲假節、監益梁二州諸軍事、益州刺史。

冬十月壬子，高密王俊薨。

十一月癸卯，桓溫自廣陵屯于白石。丁未，詣闕，因圖廢立，誣帝在藩夙有痿疾，嬖人相龍、〔三〕計好、朱靈寶等參侍內寢，而二美人田氏、孟氏生三男，長欲封樹，時人惑之，溫因諷太后以伊霍之舉。己酉，集百官于朝堂，宣崇德太后令曰：「王室艱難，穆、哀短祚，國嗣不育，儲宮靡立。琅邪王奕親則母弟，故以入纂大位。不圖德之不建，乃至于斯。昏濁潰亂，動違禮度。有此三孽，莫知誰子。人倫道喪，醜聲遐布。既不可以奉守社稷，敬承宗廟，且昏孽並大，便欲建樹儲藩。誣罔祖宗，傾移皇基，是而可忍，孰不可懷！今廢奕爲東海王，以王還第，供衞之儀，皆如漢朝昌邑故事。但未亡人不幸，罹此百憂，感念存沒，心焉如割。社稷大計，義不獲已。臨紙悲塞，如何可言。」于是百官入太極前殿，卽日桓溫使散騎侍郎劉享收帝璽綬。帝著白帢單衣，步下西堂，乘犢車出神獸門。羣臣拜辭，莫不歔欷。侍御史、殿中監將兵百人衞送東海第。

初，桓溫有不臣之心，欲先立功河朔，以收時望。及枋頭之敗，威名頓挫，遂潛謀廢立，以長威權。然憚帝守道，恐招時議。以宮闈重閟，牀笫易誣，乃言帝爲閹，遂行廢辱。初，帝平生每以爲慮，嘗召術人扈謙筮之。卦成，答曰：「晉室有盤石之固，陛下有出宮之象。」竟如其言。

咸安二年正月，降封帝爲海西縣公。四月，徙居吳縣，敕吳國內史刁彝防衞，又遣御史顧允監察之。十一月，妖賊盧悚遣弟子殿中監許龍晨到其門，〔二四〕稱太后密詔，奉迎興復。帝初欲從之，納保母諫而止。龍曰：「大事將捷，焉用兒女子言乎？」帝曰：「我得罪於此，幸蒙寬宥，豈敢妄動哉！且太后有詔，便應官屬來，何獨使汝也？汝必爲亂。」因叱左右縛之，龍懼而走。帝知天命不可再，深慮橫禍，乃杜塞聰明，無思無慮，終日酣暢，耽於內寵，有子不育，庶保天年。時人憐之，爲作歌焉。朝廷以帝安于屈辱，不復爲虞。太元十一年十月甲申，薨于吳，時年四十五。

史臣曰：孝宗因繈抱之姿，用母氏之化，中外無事，十有餘年。以武安之才，啓之疆埸，以文王之風，被乎江漢，則孔子所謂吾無間然矣。哀皇寬惠，可以爲君，而鴻祀禳天，用塵其德。東海違許龍之駕，屈放命之臣，所謂柔弱勝剛强，得盡于天年者也。

贊曰：委裘稱化，大孝爲宗。遵彼聖善，成茲允恭。西旌玉壘，北旆金墉。遷殿舊爽，莫不來從。哀后寬仁，惟靈既集。海西多故，時災見及。彼異阿衡，我非昌邑。

校勘記

〔一〕甲戌朔至太極殿　甲戌非朔日。御覽二九引晉起居注云：「正月辛未朔，雨，不會。甲戌，皇太后登太極前殿。」據此，甲戌乃初四日。

〔二〕鎮軍將軍顧衆　斠注：本傳「鎮軍」作「領軍」。按：時司馬晞已爲鎮軍，則顧衆爲領軍，較合理。

〔三〕干瓚　「干」，各本作「千」或「于」，今據元和姓纂、通鑑九七及胡注改。

〔四〕庚辰　八月戊戌朔，無庚辰。庚辰爲九月十三日。

〔五〕其長覓天　「覓」，宋本作「半」，與建康實錄八合。

〔六〕三月乙卯至丁亥李勢降　三月己未朔，無乙卯，疑爲「丁卯」之誤。又載記李勢降文云「三月十七日李勢叩頭」，十七日爲乙亥，疑「丁亥」爲「乙亥」之誤。丁亥則三月二十九日。

〔七〕楊謙　周撫傳作「楊謹」。

〔八〕九德　斠注：林邑傳、通鑑作「九眞」。下同。

〔九〕正月辛巳朔　正月戊寅朔，辛巳爲月之初四日，「朔」字疑衍。

〔一〇〕朱燾　周撫傳作「朱壽」。

〔一一〕李農　褚裒傳作「李菟」。

〔一二〕正月丁酉　宋書五行志五「丁酉」下有「朔」字，是。

〔一三〕張遇　周校：冉閔載記作「冉遇」。

〔一四〕魏脫　冉閔載記、通鑑九九並作「魏統」。

〔一五〕平鄉縣公　姚襄載記及御覽一二三引後秦錄「平鄉」皆作「郎丘」。

〔一六〕秋七月丁酉地震　校文：五行志作「八月」，震者爲京都。按：宋書五行志五亦作「八月」。七月無丁酉，八月壬午朔，丁酉爲月之十六日。

〔一七〕自宛陵襲洛陽　宛陵屬宣城郡。通鑑九九作「自宛襲洛陽」，紀文「陵」字疑衍。

〔一八〕江西乞活郭敞等執陳留內史劉仕而叛　姚襄載記「郭敞」作「郭斁」。又姚襄載記及册府四四〇皆云劉仕爲堂邑內史，疑作堂邑者是。晉堂邑郡治所在江蘇六合境，離建康近，故「京師震駭」。

〔一九〕扶南竺旃檀　「竺」上原有「天」字。校文：扶南傳作「竺旃檀」，南史、梁書同，此誤衍「天」字。今據删。

〔二〇〕苻眉　周校：苻生載記作「苻黄眉」。按：通鑑一〇〇與載記同。

〔二一〕三月　「三月」重出。是年三月置閏，此「三月」疑「閏月」之誤。

〔二二〕曹勸　參見卷七校記。

〔二三〕傅末波　周校：暐載記作「傅顏」。

〔二四〕三月甲寅朔　三月壬辰朔。若三月甲寅朔，下文四月不得有丁丑。

〔二五〕梁州地震　拾補：「梁」誤。下云浩亹，在涼州。按：盧說是。宋書五行志五、建康實錄八並作「涼州」。

〔二六〕二月己亥　二月丁巳朔，不得有己亥。

〔二七〕遷陳人于陸以避之　「于陸」，文義不明，疑本作「于安陸」，脫「安」字。安陸在陳郡南，故遷陳郡之民于安陸。

〔二八〕丙子　三月甲辰朔，無丙子。

〔二九〕曹穀　周校：苻堅載記「曹穀」作「曹轂」。按：通鑑一〇一亦作「曹轂」。

〔三〇〕桓澹　桓豁傳作「桓淡」。

〔三一〕秋七月至溫擊敗之　據桓溫傳及慕容暐載記，敗者乃慕容忠，「垂」疑爲「忠」字之誤。

〔三二〕李金根　周校：周楚傳作「李金銀」。

〔三三〕相龍　五行志中作「向龍」。

〔三四〕盧悚　五行志上、桓祕傳「悚」作「竦」。

晉書卷九

帝紀第九

簡文帝

簡文皇帝諱昱，字道萬，元帝之少子也。幼而岐嶷，爲元帝所愛。郭璞見而謂人曰：「興晉祚者，必此人也。」及長，清虛寡欲，尤善玄言。

永昌元年，元帝詔曰：「先公武王、先考恭王君臨琅邪，繼世相承，國嗣未立，蒸嘗靡主，朕常悼心。子昱仁明有智度，可以虔奉宗廟，以慰罔極之恩。其封昱爲琅邪王，食會稽、宣城如舊。」咸和元年，所生鄭夫人薨。帝時年七歲，號慕泣血，固請服重。成帝哀而許之，〔一〕故徙封會稽王，拜散騎常侍。九年，遷右將軍，加侍中。咸康六年，進撫軍將軍，領祕書監。

建元元年夏五月癸丑，康帝詔曰：「太常職奉天地，兼掌宗廟，其爲任也，可謂重矣。是以古今選建，未嘗不妙簡時望，兼之儒雅。會稽王叔履尚清虛，志道無倦，優游上列，諷議朝肆。其領太常本官如故。」永和元年，崇德太后臨朝，進位撫軍大將軍、錄尚書六條事。二年，驃騎何充卒，〔二〕崇德太后詔帝專總萬機。八年，進位司徒，固讓不拜。穆帝始冠，帝稽首歸政，不許。廢帝卽位，以琅邪王絕嗣，復徙封琅邪，而封王子昌明爲會稽王。帝固讓，故雖封琅邪而不去會稽之號。太和元年，進位丞相、錄尚書事，入朝不趨，讚拜不名，劍履上殿，給羽葆鼓吹班劍六十人，又固讓。

及廢帝廢，皇太后詔曰：「丞相、錄尚書、會稽王體自中宗，明德劭令，英秀玄虛，神棲事外。以具瞻允塞，故阿衡三世。道化宣流，人望攸歸，爲日已久。宜從天人之心，以統皇極。主者明依舊典，以時施行。」於是大司馬桓溫率百官進太極前殿，具乘輿法駕，奉迎帝於會稽邸，於朝堂變服，著平巾幘單衣，東向拜受璽綬。

咸安元年冬十一月己酉，卽皇帝位。桓溫出次中堂，令兵屯衞。〔三〕乙卯，〔四〕溫奏廢太宰、武陵王晞及子總。〔五〕詔魏郡太守毛安之帥所領宿衞殿內，改元爲咸安。庚戌，使兼太尉周頤告于太廟。辛亥，桓溫遣弟祕逼新蔡王晃詣西堂，自列與太宰、武陵王晞等謀反。帝對之流涕，溫皆收付廷尉。癸丑，殺東海王二子及其母。初，帝以沖虛簡貴，歷宰三世，溫素所敬憚。及初卽位，溫乃撰辭欲自陳述，帝引見，對之悲泣，溫懼不能言。至是，有司承其旨，奏誅武陵王晞，帝不許。溫固執至于再三，帝手詔報曰：「若晉祚靈長，公便宜奉行前詔。如其大運去矣，請避賢路。」溫覽之，流汗變色，不復敢言。乙卯，廢晞及其三子，徙于新安。丙辰，放新蔡王晃于衡陽。

戊午，詔曰：「王室多故，穆哀早世，皇胤夙遷，神器無主。東海王以母弟近屬，入纂大統，嗣位經年，昏闇亂常，人倫虧喪，大禍將及，則我祖宗之靈靡知所託。皇太后深懼皇基，時定大計。大司馬因順天人，協同神略，親帥羣后，恭承明命。雲霧既除，皇極載清，乃顧朕躬，仰承弘緒。雖伊尹之寧殷朝，博陸之安漢室，無以尚也。朕以寡德，猥居元首，實懼眇然，不克負荷，戰戰兢兢，罔知攸濟。思與兆庶更始，其大赦天下，大酺五日，增文武位二等，孝順忠貞鰥寡孤獨米人五斛。」己未，賜溫軍三萬人，人布一匹，米一斛。庚申，加大司馬桓溫爲丞相，不受。辛酉，溫旋自白石，因鎮姑孰。以冠軍將軍毛武生都督荆州之沔中、揚州之義城諸軍事。

十二月戊子，詔以京都有經年之儲，權停一年之運。庚寅，廢東海王奕爲海西公，食邑四千戶。辛卯，初薦酃淥酒於太廟。

二年春正月辛丑，百濟、林邑王各遣使貢方物。

二月，苻堅伐慕容桓於遼東，滅之。

三月丁酉，詔曰：「朕居阿衡三世，不能濟彼時雍，乃至海西失德，殆傾皇祚。賴祖宗靈祇之德，皇太后淑體應期，藩輔忠賢，百官勠力，用能蕩氛霧於昊蒼，耀晨輝於宇宙。遂以眇身，託于王公之上，思賴羣賢，以弼其闕。夫敦本息末，抑絕華競，使清濁異流，能否殊貫，官無秕政，士無謗讟，不有懲勸，則德禮焉施？且强寇未殄，勞役未息，自非軍國戎祀之要，其華飾煩費之用皆省之。夫肥遁窮谷之賢，滑泥揚波之士，雖抗志玄霄，潛默幽岫，貪屈高尚之道，以隆協贊之美，孰與自足山水，棲遲丘壑，徇匹夫之潔，而忘兼濟之大邪？古人不借賢於曩代，朕所以虛想於今日。內外百官，各勤所司，使善無不達，惡無不聞，令詩人無素餐之刺，而吾獲虛心之求焉。」

癸丑，詔曰：「吾承祖宗洪基，而昧于政道，懼不能允釐天工，克隆先業，夕惕惟憂，若涉泉水。賴宰輔忠德，道濟伊望，羣后竭誠，協契斷金，內外盡匡翼之規，文武致匪躬之節，冀因斯道，終克弘濟。每念干戈未戢，公私疲悴，藩鎮有疆理之務，征戍懷東山之勤，或白首戎陣，忠勞未敍，或行役彌久，儋石靡儲，何嘗不昧旦晨興，夜分忘寢。雖未能撫而巡之，且欲達其此心。可遣大使詣大司馬，并問方伯，逮于邊戍，宣詔大饗，求其所安。又籌量賜給，悉令周普。」

乙卯，詔曰：「往事故之後，百度未充，羣僚常俸，並皆寡約，蓋隨時之義也。然退食在朝，而祿不代耕，非經通之制。今資儲漸豐，可籌量增俸。」騶虞見豫章。

夏四月，徙海西公於吳縣西柴里。追貶庾后曰夫人。

六月，遣使拜百濟王餘句爲鎮東將軍，領樂浪太守。戊子，前護軍將軍庾希舉兵反，自海陵入京口，晉陵太守卞眈奔于曲阿。〔六〕

秋七月壬辰，桓溫遣東海內史周少孫討希，擒之，斬于建康市。

己未，〔七〕立會稽王昌明爲皇太子，皇子道子爲琅邪王，領會稽內史。是日，帝崩于東堂，時年五十三。葬高平陵，廟號太宗。遺詔以桓溫輔政，依諸葛亮、王導故事。

帝少有風儀，善容止，留心典籍，不以居處爲意，凝塵滿席，湛如也。嘗與桓溫及武陵王晞同載遊版橋，溫遽令鳴鼓吹角，車馳卒奔，欲觀其所爲。晞大恐，求下車，而帝安然無懼色，溫由此憚服。溫既仗文武之任，屢建大功，加以廢立，威振內外。帝雖處尊位，拱默守道而已，常懼廢黜。先是，熒惑入太微，尋而海西廢。及帝登阼，熒惑又入太微，帝甚惡焉。時中書郎郗超在直，帝乃引入，謂曰：「命之修短，本所不計，故當無復前日事邪！」超曰：「大司馬臣溫方內固社稷，外恢經略，非常之事，臣以百口保之。」及超請急省其父，帝謂之曰：「致意尊公，家國之事，遂至於此！由吾不能以道匡衞，愧歎之深，言何能喻。」因詠庾闡詩云「志士痛朝危，忠臣哀主辱」，遂泣下霑襟。帝雖神識恬暢，而無濟世大略，故謝安稱爲惠帝之流，清談差勝耳。沙門支道林嘗言「會稽有遠體而無遠神」。謝靈運迹其行事，亦以爲赧獻之輩云。

孝武帝

孝武皇帝諱曜，字昌明，簡文帝第三子也。興寧三年七月甲申，初封會稽王。

咸安二年秋七月己未，立爲皇太子。是日，簡文帝崩，太子卽皇帝位。詔曰：「朕以不造，奄丁閔凶，號天扣地，靡知所訴。藐然幼沖，眇若綴旒，深惟社稷之重，大懼不克負荷。仰憑祖宗之靈，積德之祀，先帝淳風玄化，遺詠在民。宰輔英賢，勳隆德盛。顧命之託，實賴匡訓。羣后率職，百僚勤政。冀孤弱之躬有寄，皇極之基不墜。先恩遺惠，播于四海，思弘餘潤，以康黎庶。其大赦天下，與民更始。」

九月甲寅，追尊皇妣會稽王妃曰順皇后。

冬十月丁卯，葬簡文皇帝于高平陵。

十一月甲午，妖賊盧悚晨入殿庭，〔八〕游擊將軍毛安之等討擒之。

是歲，三吳大旱，人多餓死，詔所在振給。苻堅陷仇池，執秦州刺史楊世。

寧康元年春正月己丑朔，改元。

二月，大司馬桓溫來朝。

三月癸丑，詔除丹楊竹格等四桁稅。

夏五月，旱。

秋七月己亥，使持節、侍中、都督中外諸軍事、丞相、錄尚書、大司馬、揚州牧、平北將軍、徐兗二州刺史、南郡公桓溫薨。庚戌，進右將軍桓豁爲征西將軍。以江州刺史桓沖爲中軍將軍、都督揚豫江三州諸軍事、揚州刺史，鎮姑孰。

八月壬子，〔九〕崇德太后臨朝攝政。

九月，苻堅將楊安寇成都。丙申，以尚書僕射王彪之爲尚書令，吏部尚書謝安爲尚書僕射，吳國內史刁彝爲北中郎將、徐兗二州刺史，鎮廣陵。復置光祿勳、大司農、少府官。

冬十月，西平公張天錫貢方物。

十一月，苻堅將楊安陷梓潼及梁、益二州，刺史周仲孫帥騎五千南遁。

二年春正月癸未朔，大赦。追封謚故會稽世子郁爲臨川獻王。己酉，北中郎將、徐兗二州刺史刁彝卒。

二月癸丑，以丹楊尹王坦之爲北中郎將、徐兗二州刺史。丁巳，有星孛于女虛。

三月丙戌，彗星見於氐。

夏四月壬戌，皇太后詔曰：「頃玄象或忒，上天表異，仰觀斯變，震懼于懷。夫因變致休，自古之道，朕敢不克意復心，以思厥中？又三吳奧壤，股肱望郡，而水旱併臻，百姓失業，夙夜惟憂，不能忘懷，宜時拯卹，救其彫困。三吳義興、晉陵及會稽遭水之縣尤甚者，全除一年租布，其次聽除半年，受振貸者卽以賜之。」

五月，蜀人張育自號蜀王，帥衆圍成都，遣使稱藩。

秋七月，涼州地震，山崩。苻堅將鄧羌攻張育，滅之。

八月，以長秋將建，權停婚姻。

九月丁丑，有星孛于天市。

冬十一月己酉，天門蜑賊攻郡，太守王匪死之，征西將軍桓豁遣師討平之。長城人錢步射、錢弘等作亂，吳興太守朱序討平之。癸酉，鎭遠將軍桓石虔破苻堅將姚萇於墊江。

三年春正月辛亥，大赦。

夏五月丙午，北中郎將、徐兗二州刺史、藍田侯王坦之卒。甲寅，以中軍將軍、揚州刺史桓沖爲鎭北將軍、徐州刺史，鎭丹徒，尚書僕射謝安領揚州刺史。

秋八月癸巳，立皇后王氏，大赦，加文武位一等。

九月，帝講孝經。

冬十月癸酉朔，日有蝕之。

十二月甲申，〔一〇〕神獸門災。癸未，皇太后詔曰：「頃日蝕告變，水旱不適，雖克己思救，未盡其方。其賜百姓窮者米，人五斛。」癸巳，帝釋奠于中堂，祠孔子，以顏回配。

太元元年春正月壬寅朔，帝加元服，見于太廟。皇太后歸政。甲辰，大赦，改元。丙午，帝始臨朝。以征西將軍桓豁爲征西大將軍，領軍將軍郗愔爲鎭軍大將軍，中軍將軍桓沖爲車騎將軍，加尚書僕射謝安中書監、錄尚書事。甲子，謁建平等四陵。

夏五月癸丑，地震。甲寅，詔曰：「頃者上天垂監，譴告屢彰，朕有懼焉，震惕于心。思所以議獄緩死，赦過宥罪，庶因大變，與之更始。」於是大赦，增文武位各一等。

六月，封河間王欽子範之爲章武王。

秋七月，苻堅將苟萇陷涼州，虜刺史張天錫，盡有其地。乙巳，除度田收租之制，公王以下口稅米三斛，蠲在役之身。

冬十月，移淮北流人於淮南。

十一月己巳朔，〔一一〕日有蝕之。詔太官徹膳。

十二月，苻堅使其將苻洛攻代，執代王涉翼犍。

二年春正月，繼絕世，紹功臣。

三月，以兗州刺史朱序爲南中郎將、梁州刺史、監沔中諸軍，鎭襄陽。

閏月壬午，地震。甲申，暴風，折木發屋。

夏四月己酉，雨雹。

五月丁丑，地震。

六月己巳，〔一二〕暴風，揚沙石。林邑貢方物。

秋七月乙卯，〔一三〕老人星見。

八月壬辰，車騎將軍桓沖來朝。丁未，以尚書僕射謝安爲司徒。丙辰，使持節、都督荆梁寧益交廣六州諸軍事、荆州刺史、征西大將軍桓豁卒。

冬十月辛丑，以車騎將軍桓沖都督荆江梁益寧交廣七州諸軍事、領護南蠻校尉、荆州刺史，尚書王藴爲徐州刺史、督江南晉陵諸軍，征西司馬謝玄爲兗州刺史、廣陵相、監江北諸軍。壬寅，散騎常侍、左光祿大夫、尚書令王彪之卒。十二月庚寅，以尚書王劭爲尚書僕射。

三年春二月乙巳，作新宮，帝移居會稽王邸。

三月乙丑，雷雨，暴風，發屋折木。

夏五月庚午，陳留王曹恢薨。

六月，大水。

秋七月辛巳，帝入新宮。乙酉，老人星見南方。

四年春正月辛酉，大赦，郡縣遭水旱者減租稅。丙子，謁建平等七陵。

二月戊午，苻堅使其子丕攻陷襄陽，執南中郎將朱序。又陷順陽。

三月，大疫。壬戌，詔曰：「狡寇縱逸，藩守傾沒，疆埸之虞，事兼平日。其內外衆官，各悉心戮力，以康庶事。又年穀不登，百姓多匱。其詔御所供，事從儉約，九親供給，衆官廩俸，權可減半。凡諸役費，自非軍國事要，皆宜停省，以周時務。」癸未，使右將軍毛武生帥師伐蜀。

夏四月，苻堅將韋鍾陷魏興，太守吉挹死之。

五月，苻堅將句難、〔一四〕彭超陷盱眙，高密內史毛璪之爲賊所執。

六月，大旱。戊子，征虜將軍謝玄及超、難戰于君川，大破之。

秋八月丁亥，以左將軍王藴爲尚書僕射。乙未，暴風，揚沙石。

九月，盜殺建安太守傅湛。

冬十二月己酉朔，日有蝕之。〔一五〕

五年春正月乙巳，謁崇平陵。

夏四月，大旱。癸酉，大赦五歲刑以下。〔一六〕

五月，大水。以司徒謝安爲衞將軍、儀同三司。

六月甲寅，震含章殿四柱，并殺內侍二人。甲子，以比歲荒儉，大赦，自太元三年以前逋租宿債皆蠲除之，其鰥寡窮獨孤老不能自存者，人賜米五斛。丁卯，以驃騎將軍、琅邪王道子爲司徒。

秋九月癸未，皇后王氏崩。

冬十月，九眞太守李遜據交州反。

十一月乙酉，葬定皇后于隆平陵。

六年春正月，帝初奉佛法，立精舍於殿內，引諸沙門以居之。丁酉，以尙書謝石爲尙書僕射。初置督運御史官。

夏六月庚子朔，日有蝕之。揚、荆、江三州大水。己巳，改制度，減煩費，損吏士員七百人。

秋七月丙子，赦五歲刑已下。甲午，交阯太守杜瑗斬李遜，交州平。大饑。

冬十一月己亥，〔一七〕以鎭軍大將軍郗愔爲司空。會稽人檀元之反，自號安東將軍，鎭軍參軍謝藹之討平之。

十二月甲辰，苻堅遣其襄陽太守閻震寇竟陵，〔一八〕襄陽太守桓石虔討擒之。〔一九〕

七年春三月，林邑范熊遣使獻方物。〔二〇〕

秋八月癸卯，大赦。

九月，東夷五國遣使來貢方物。苻堅將都貴焚燒沔北田穀，略襄陽百姓而去。〔二一〕

冬十月丙子，雷。

八年春二月癸未，黄霧四塞。

三月，始興、南康、廬陵大水，平地五丈。丁巳，大赦。

夏五月，輔國將軍楊亮伐蜀，拔五城，擒苻堅將魏光。

秋七月，鷹揚將軍郭洽及苻堅將張崇戰于武當，〔二二〕大敗之。

八月，苻堅帥衆渡淮，遣征討都督謝石、冠軍將軍謝玄、輔國將軍謝琰、西中郎將桓伊等距之。

九月，詔司徒、琅邪王道子錄尙書六條事。

冬十月，苻堅弟融陷壽春。乙亥，諸將及苻堅戰于肥水，大破之，〔二三〕俘斬數萬計，獲堅輿輦及雲母車。

十一月庚申，〔二四〕詔衞將軍謝安勞旋師于金城。壬子，立陳留王世子靈誕爲陳留王。

十二月庚午，以寇難初平，大赦。以中軍將軍謝石爲尙書令。開酒禁。始增百姓稅米，口五石。前句町王翟遼背苻堅，〔二五〕舉兵於河南，慕容垂自鄴與遼合，遂攻堅子暉於洛陽。仇池公楊世奔還隴右，〔二六〕遣使稱藩。

九年春正月庚子，封武陵王孫寶爲臨川王。戊午，立新寧王晞子遵爲新寧王。〔三七〕辛亥，謁建平等四陵。龍驤將軍劉牢之克譙城。車騎將軍桓沖部將郭寶伐新城、魏興、上庸三郡，降之。

二月辛巳，使持節、都督荆江梁寧益交廣七州諸軍事、車騎將軍、荆州刺史桓沖卒。慕容垂自洛陽與翟遼攻苻堅子丕於鄴。

三月，以衞將軍謝安爲太保。苻堅北地長史慕容泓、平陽太守慕容沖並起兵背堅。

夏四月己卯，增置太學生百人。封張天錫爲西平公。使竟陵太守趙統伐襄陽，克之。苻堅將姚萇背堅，起兵於北地，自立爲王，國號秦。

六月癸丑朔，崇德皇太后褚氏崩。慕容泓爲其叔父沖所殺，沖自稱皇太弟。

秋七月戊戌，遣兼司空、高密王純之修謁洛陽五陵。己酉，葬康獻皇后于崇平陵。百濟遣使來貢方物。苻堅及慕容沖戰于鄭西，堅師敗績。

八月戊寅，司空郗愔薨。

九月辛卯，前鋒都督謝玄攻苻堅將兗州刺史張崇于鄄城，克之。甲午，加太保謝安大都督揚、江、荆、司、豫、徐、兗、青、冀、幽、幷、梁、益、雍、涼十五州諸軍事。

冬十月辛亥朔，日有蝕之。丁巳，河間王曇之薨。乙丑，以玄象乖度，大赦。庚午，立前新蔡王晃弟崇爲新蔡王。苻堅青州刺史苻朗帥衆來降。

十二月，苻堅將呂光稱制于河右，自號酒泉公。慕容沖僭卽皇帝位于阿房。

十年春正月甲午，謁諸陵。

二月，立國學。蜀郡太守任權斬苻堅益州刺史李平，益州平。

三月，滎陽人鄭燮以郡來降。苻堅國亂，使使奉表請迎。龍驤將軍劉牢之及慕容垂戰于黎陽，王師敗績。

夏四月丙辰，劉牢之與沛郡太守周次及垂戰于五橋澤，〔二八〕王師又敗績。壬戌，太保謝安帥衆救苻堅。

五月，大水。苻堅留太子宏守長安，奔于五將山。

六月，宏來降，慕容沖入長安。

秋七月，苻丕自枋頭西走，龍驤將軍檀玄追之，爲丕所敗。旱，饑。丁巳，老人星見。

八月甲午，大赦。丁酉，使持節、侍中、中書監、大都督十五州諸軍事、衞將軍、太保謝安薨。庚子，以琅邪王道子爲都督中外諸軍事。是月，姚萇殺苻堅而僭卽皇帝位。

九月，呂光據姑臧，自稱涼州刺史。苻丕僭卽皇帝位于晉陽。

冬十月丁亥，論淮肥之功，追封謝安廬陵郡公，封謝石南康公，謝玄康樂公，謝琰望蔡公，桓伊永脩公，自餘封拜各有差。

是歲，乞伏國仁自稱大單于、秦河二州牧。

十一年春正月辛未，慕容垂僭卽皇帝位于中山。壬午，〔二九〕翟遼襲黎陽，執太守滕恬之。乙酉，〔三〇〕謁諸陵。慕容沖將許木末殺慕容沖於長安。

三月，大赦。太山太守張願以郡叛，降於翟遼。

夏四月，以百濟王世子餘暉爲使持節、都督、鎭東將軍、百濟王。代王拓拔珪始改稱魏。〔三一〕癸巳，以尙書僕射陸納爲尙書左僕射，譙王恬爲尙書右僕射。

六月己卯，地震。庚寅，以前輔國將軍楊亮爲西戎校尉、雍州刺史，鎭衞山陵。

秋八月庚午，封孔靖之爲奉聖亭侯，奉宣尼祀。丁亥，安平王邃之薨。翟遼寇譙，龍驤將軍朱序擊走之。

冬十月，慕容垂破苻丕於河東，〔三二〕丕走東垣，揚威將軍馮該擊斬之，傳首京都。甲申，海西公奕薨。

十一月，苻丕將苻登僭卽皇帝位於隴東。

十二年春正月乙巳，以豫州刺史朱序爲青、兗二州刺史，鎭淮陰。

丁未，大赦。壬子，暴風，發屋折木。

戊午，慕容垂寇河東，濟北太守溫詳奔彭城。翟遼遣子釗寇陳、潁，朱序擊走之。

夏四月戊辰，尊夫人李氏爲皇太妃。己丑，雨雹。高平人翟暢執太守徐含遠，以郡降于翟遼。

六月癸卯，〔三三〕束帛聘處士戴逵、龔玄之。

秋八月辛巳，立皇子德宗爲皇太子，大赦，增文武位二等，大酺五日，賜百官布帛各有差。

九月戊午，復新寧王遵爲武陵王，立梁王璲子龢爲梁王。

冬十一月，松滋太守王遐之討翟遼于洛口，敗之。

十三年夏四月戊午，以青兗二州刺史朱序爲持節、都督雍梁沔中九郡諸軍事、雍州刺史，譙王恬之爲鎭北將軍、〔三四〕青兗二州刺史。

夏六月，旱。乞伏國仁死，弟乾歸嗣僞位，僭號河南王。

秋九月，〔三五〕翟遼將翟發寇洛陽，河南太守郭給距破之。

冬十二月戊子，濤水入石頭，毁大桁，殺人。乙未，大風，晝晦，延賢堂災。丙申，螽斯則百堂、〔三六〕客館、驃騎庫皆災。己亥，加尚書令謝石衞將軍、開府儀同三司。庚子，尚書令、衞將軍、開府儀同三司謝石薨。

十四年春正月癸亥，詔淮南所獲俘虜付諸作部者一皆散遣，男女自相配匹，賜百日廩，其沒爲軍賞者悉贖出之，以襄陽、淮南饒沃地各立一縣以居之。彭城妖賊劉黎僭稱皇帝於皇丘，龍驤將軍劉牢之討平之。

二月，扶南獻方物。呂光僭號三河王。

夏四月甲辰，彭城王弘之薨。翟遼寇滎陽，執太守張卓。

六月壬寅，使持節、都督荆益寧三州諸軍事、荆州刺史桓石虔卒。

秋七月甲寅，宣陽門四柱災。

八月，姚萇襲破苻登，獲其僞后毛氏。丁亥，汝南王羲薨。〔三七〕

九月庚午，以尚書左僕射陸納爲尚書令。

冬十二月乙巳，雨，木冰。

十五年春正月乙亥，鎮北將軍、譙王恬之薨。龍驤將軍劉牢之及翟遼、張願戰于太山，王師敗績。〔三八〕征虜將軍朱序破慕容永於太行。

二月辛巳，以中書令王恭爲都督青兗幽幷冀五州諸軍事、前將軍、青兗二州刺史。

三月己酉朔，地震。戊辰，大赦。

秋七月丁巳，有星孛于北河。

八月，永嘉人李耽舉兵反，太守劉懷之討平之。己丑，京師地震。有星孛于北斗，犯紫微。

沔中諸郡及兗州大水。龍驤將軍朱序攻翟遼于滑臺，大敗之，張願來降。

九月丁未，以吳郡太守王珣爲尚書僕射。

冬十二月己未，地震。

十六年春正月庚申，〔三九〕改築太廟。

夏六月，慕容永寇河南，太守楊佺期擊破之。己未，章武王範之薨。

秋九月癸未，以尚書右僕射王珣爲尚書左僕射，以太子詹事謝琰爲尚書右僕射。新廟成。

冬十一月，姚萇敗苻登于安定。

十七年春正月己巳朔，大赦，除逋租宿債。

夏四月，齊國內史蔣喆殺樂安太守辟閭濬，據青州反，北平原太守辟閭渾討平之。

五月丁卯朔，日有蝕之。

六月癸卯，京師地震。甲寅，濤水入石頭，毁大桁。永嘉郡潮水湧起，近海四縣人多死者。

乙卯，大風，折木。戊午，梁王龢薨。慕容垂襲翟釗于黎陽，敗之，釗奔于慕容永。

秋七月丁丑，太白晝見。

八月，新作東宫。

冬十月丁酉，太白晝見。辛亥，都督荆益寧三州諸軍事、荆州刺史王忱卒。

十一月癸酉，以黄門郎殷仲堪爲都督荆益梁三州諸軍事、荆州刺史。庚寅，徙封琅邪王道子爲會稽王，封皇子德文爲琅邪王。

十二月己未，地震。

是歲，自秋不雨，至于冬。

十八年春正月癸亥朔，地震。〔四〇〕

二月乙未，地又震。

三月，翟釗寇河南。

夏六月己亥，始興、南康、廬陵大水，深五丈。

秋七月，旱。

閏月，妖賊司馬徽聚黨於馬頭山，劉牢之遣部將討平之。

九月丙戌，龍驤將軍楊佺期擊氐帥楊佛嵩于潼谷，敗之。

冬十月，姚萇死，〔四一〕子興嗣僞位。

十九年夏六月壬子，〔四二〕追尊會稽王太妃鄭氏爲簡文宣太后。

秋七月，荆、徐二州大水，傷秋稼，遣使振卹之。

八月己巳，尊皇太妃李氏爲皇太后，宫曰崇訓。慕容垂擊慕容永於長子，斬之。

冬十月，慕容垂遣其子恶奴寇廩丘，東平太守韋簡及垂將尹國戰于平陸，簡死之。

是歲，苻登爲姚興所殺，登太子崇奔于湟中，僭稱皇帝。

二十年春二月，作宣太后廟。甲寅，散騎常侍、光祿大夫、開府儀同三司、尚書令陸納卒。

三月庚辰朔，日有蝕之。

夏六月，荆、徐二州大水。

十一月，魏王拓拔珪擊慕容垂子寶于黍谷，〔四三〕敗之。

二十一年春正月，造清暑殿。

三月，慕容垂攻平城，拔之。

夏四月，新作永安宮。丁亥，雨雹。〔四四〕慕容垂死，子寶嗣僞位。

五月甲子，以望蔡公謝琰爲尚書左僕射。大水。

六月，呂光僭卽天王位。

秋九月庚申，帝崩于清暑殿，時年三十五。葬隆平陵。

帝幼稱聰悟。簡文之崩也，時年十歲，至晡不臨，左右進諫，答曰：「哀至則哭，何常之有？」謝安嘗嘆以爲精理不減先帝。既威權己出，雅有人主之量。既而溺于酒色，殆爲長夜之飲。末年長星見，帝心甚惡之，於華林園舉酒祝之曰：「長星，勸汝一杯酒，自古何有萬歲天子邪！」太白連年晝見，地震水旱爲變者相屬。醒日既少，而傍無正人，竟不能改焉。時張貴人有寵，年幾三十，帝戲之曰：「汝以年當廢矣。」貴人潛怒，向夕，帝醉，遂暴崩。時道子昏惑，元顯專權，竟不推其罪人。

初，簡文帝見讖云：「晉祚盡昌明。」及帝之在孕也，李太后夢神人謂之曰：「汝生男，以『昌明』爲字。」及產，東方始明，因以爲名焉。簡文帝後悟，乃流涕。及爲清暑殿，有識者以爲「清暑」反爲「楚」聲，哀楚之徵也。俄而帝崩，晉祚自此傾矣。

史臣曰：前史稱「不有廢也，君何以興」，若乃天挺惟神，光膺嗣位，邁油雲而驤首，濟沈川而能躍。少康一旅之衆，所以闡帝圖；成湯七十之基，所以興王業；靜河海於既泄，補穹圓於已紊；事異於斯，則弗由也。簡皇以虛白之姿，在屯如之會，政由桓氏，祭則寡人。太宗晏駕，寧康纂業，天誘其衷，姦臣自隕。于時西踰劍岫而跨靈山，北振長河而臨清洛；荆吳戰旅，嘯吒成雲；名賢間出，舊德斯在：謝安可以鎭雅俗，彪之足以正紀綱，桓沖之夙夜王家，謝玄之善斷軍事。于時上天乃眷，强氏自泯。五尺童子，振袂臨江，思所以挂旆天山，封泥函谷；而條綱弗垂，威恩罕樹，道子荒乎朝政，國寶彙以小人，拜授之榮，初非天旨，鬻刑之貨，自走權門，毒賦年滋，愁民歲廣。是以聞人、許榮馳書詣闕，烈宗知其抗直，而惡聞逆耳，肆一醉於崇朝，飛千觴於長夜。雖復「昌明」表夢，安聽神言？而金行穨弛，抑亦人事，語曰「大國之政未陵夷，小邦之亂已傾覆」也。屬苻堅百六之秋，棄肥水之衆，帝號爲「武」，不亦優哉！

贊曰：君若綴旒，道非交泰。簡皇凝寂，不貽伊害。孝武登朝，姦雄自消。燕之擊路，鄭叔分鑣。倡臨帝席，酒勸天妖。金風不競，人事先彫。

校勘記

〔一〕成帝哀而許之　「成帝」原作「元帝」。周校：咸和爲成帝年號，徙封會稽正咸和二年事，此誤作元帝。按：周說是，事見簡文宣鄭太后傳，今據改。

〔二〕驃騎何充卒　此下原有「康帝崩」三字。周校：「康帝崩」三字衍文。按：周說是，時康帝死已二年，不當出于此。御覽九九引晉中興書無，今據删。

〔三〕令兵屯衛　「令」，宋本作「分」。

〔四〕乙卯　乙卯當在癸丑下，此日次失序。

〔五〕武陵王晞及子總　周校：據晞傳「總」宜作「綜」。

〔六〕卞眈　「眈」原作「耽」。卞壼四子，眕、盱、瞻、眈，字皆從「目」，「耽」從「耳」誤，今據壼傳及通鑑一〇三改。

〔七〕己未　原作「乙未」。通鑑一〇三謂七月甲寅不豫，己未立昌明爲皇太子，是日卒。七月壬辰朔，甲寅二十三日，己未二十八日。紀作「乙未」，則卒在不豫之前，不可通。「乙」蓋「己」之形近誤，今據孝武紀及御覽九九引晉中興書改。

〔八〕盧悚　見卷八校記。

〔九〕八月壬子　斠注：本年正月己丑朔，下年正月癸未朔，此月無壬子，當是「壬午」之誤。

〔一〇〕甲申　斠注：甲申誤書癸未前。

〔一一〕十一月己巳朔　十一月應是丁酉朔。

〔一二〕六月己巳　六月癸巳朔，無己巳。

〔一三〕七月乙卯　七月癸亥朔，無乙卯。

〔一四〕句難　苻堅載記、通鑑一〇四均作「俱難」。

〔一五〕冬十二月己酉朔日有蝕之　十二月乙卯朔，天文志中作「閏月己酉朔」，是。

〔一六〕大赦五歲刑以下　拾補：「大」字衍。按：盧說是，下年七月云「赦五歲刑以下」，無「大」字，可證。

〔一七〕冬十一月己亥　十一月戊辰朔，無己亥。

〔一八〕襄陽太守閻震　苻堅載記、通鑑一〇四皆作「司馬閻振」。

〔一九〕襄陽太守桓石虔　校文：石虔傳時爲南平太守，非襄陽。苻堅載記亦作「南平太守」。此紀蓋涉上「襄陽太守」而誤。按：通鑑一〇四亦作「南平」。

〔二〇〕范熊　周校：據四夷傳當作「范佛」。

〔二一〕苻堅將都貴焚燒沔北田穀略襄陽百姓而去　通鑑一〇四據桓沖傳、苻堅載記作「桓沖使揚威將軍朱綽擊秦荆州刺史都貴于襄陽，焚踐沔北屯田，掠六百餘戶而還」，紀文恐誤。

〔二二〕郭洽　斠注：苻堅載記作「郭銓」。按：通鑑一〇五亦作「郭銓」。「郭銓」又見五行志中、毛璩傳、桓石民傳、桓玄傳。

〔二三〕乙亥至大破之　通鑑一〇五記肥水之捷在十一月，較合當時情事。

〔二四〕十一月庚申　十一月丙戌朔，無庚申。

〔二五〕翟遼　商榷：據苻堅載記，「翟遼」當是「翟斌」。按：通鑑一〇五亦作「翟斌」。

〔二六〕仇池公楊世奔還隴右　舉正：宋書氐胡傳此乃楊定，非世也，世已於太和五年卒矣。按：據魏書、北史、宋書氐胡傳及通鑑一〇六，事在太元十年，紀繫之八年，恐誤。

〔二七〕戊午立新寧王晞子遵爲新寧王　戊午爲二月初四，今越於「辛亥」上者，蓋因敍封王事連及之。

〔二八〕周次　周校：劉牢之傳「周次」作「田次之」。按：田次之亦見毛璩傳。

〔二九〕壬午　正月癸卯朔，無壬午。

〔三〇〕乙酉　正月無乙酉，二月癸酉朔，乙酉爲二月十三日。通鑑一〇六繫下文殺慕容沖於二月，是也。

〔三一〕拓拔珪　「珪」原作「圭」，今據魏書本紀及通鑑一〇六逕改，後不具校。

〔三二〕慕容垂破苻丕於河東　據苻丕載記、魏書慕容永傳及通鑑一〇六，破苻丕者乃慕容永，非慕容垂。

〔三三〕六月癸卯　六月乙丑朔，無癸卯。

〔三四〕譙王恬之　上文及本傳、宋書禮志一、通鑑一〇七俱無「之」字。下十五年「譙王恬之薨」不再注。

〔三五〕秋九月　各本作「秋七月」，今從宋本。

〔三六〕螽斯則百堂　原無「則」字。拾補：「百」上脫「則」字，五行志有。按「螽斯則百」語出後漢書皇后紀，有「則」者是，今據補。

〔三七〕汝南王羲薨　周校：八王傳「羲」作「義」。

〔三八〕劉牢之及翟遼張願戰于太山王師敗績　校文：牢之傳「翟遼」作「翟釗」，蓋遼之子也。「張願」作「張遇」。據傳文，牢之戰勝，與紀異。

〔三九〕正月庚申　正月甲戌朔，無庚申。

〔四〇〕正月癸亥朔地震　原作「癸卯朔」。五行志下及宋書五行志五皆作「癸亥」。是月癸亥朔，紀誤，今改。

〔四一〕冬十月姚萇死　御覽一二三引後秦錄、通鑑一〇八謂姚萇死於十二月庚子，此文「十」下疑脫「二」字。

〔四二〕夏六月壬子　六月甲寅朔，無壬子。禮志上記此事作「二月」，二月丙辰朔，亦無壬子。

〔四三〕黍谷　校文：載記及魏書均作「參合」。按：通鑑一〇八亦作「參合陂」。以作「參合」爲是。

〔四四〕丁亥雨雹　「丁亥」原作「丁卯」。四月甲戌朔，無丁卯。五行志下及宋書五行志四皆作「丁亥」，是，今據改。

晉書卷十

帝紀第十

安帝

安皇帝諱德宗，字德宗，孝武帝長子也。太元十二年八月辛巳，立爲皇太子。二十一年九月庚申，孝武帝崩。辛酉，太子卽皇帝位，大赦。癸亥，以司徒、會稽王道子爲太傅，攝政。冬十月甲申，葬孝武皇帝于隆平陵。大雪。

隆安元年春正月己亥朔，帝加元服，改元，增文武位一等。太傅、會稽王道子稽首歸政。以尙書左僕射王珣爲尙書令，領軍將軍王國寶爲尙書左僕射。

二月，呂光將禿髮烏孤自稱大都督、大單于，國號南涼。擊光將竇苟于金昌，〔一〕大破之。甲寅，尊皇太后李氏爲太皇太后。戊午，〔二〕立皇后王氏。

三月，呂光子纂爲乞伏乾歸所敗。光建康太守段業自號涼州牧。慕容寶敗魏師于薊。

夏四月甲戌，兗州刺史王恭、豫州刺史庾楷舉兵，以討尙書左僕射王國寶、建威將軍王緒爲名。甲申，殺國寶及緒以悅于恭，恭乃罷兵。戊子，大赦。

五月，前司徒長史王廞以吳郡反，王恭討平之。慕容寶將慕容詳僭卽皇帝位于中山，寶奔黃龍。

秋八月，呂光爲其僕射楊軌、散騎常侍郭麐所攻，光子纂擊走之。

九月，慕容寶將慕容麟斬慕容詳于中山，因僭卽皇帝位。

冬十月，慕容麟爲魏師所敗。〔三〕

二年春三月，龍舟二災。

夏五月，蘭汗弑慕容寶而自稱大將軍、昌黎王。

秋七月，慕容寶子盛斬蘭汗，僭稱長樂王，攝天子位。兗州刺史王恭、豫州刺史庾楷、荆州刺史殷仲堪、廣州刺史桓玄、南蠻校尉楊佺期等舉兵反。

八月，江州刺史王愉奔于臨川。〔四〕丙子，寧朔將軍鄧啓方及慕容德將慕容法戰于管城，〔五〕王師敗績。丙戌，慕容盛僭卽皇帝位於黃龍。桓玄大敗王師于白石。

九月辛卯，加太傅、會稽王道子黄鉞。遣征虜將軍會稽王世子元顯、前將軍王珣、右將軍謝琰討桓玄等。己亥，破庾楷于牛渚。丙午，會稽王道子屯中堂，元顯守石頭。己酉，前將軍王珣守北郊，右將軍謝琰備宣陽門。輔國將軍劉牢之次新亭，使子敬宣擊敗恭，恭奔曲阿長塘湖，湖尉收送京師，斬之。於是遣太常殷茂喻仲堪及玄，玄等走于尋陽。

冬十月，新野言騶虞見。丙子，大赦。壬午，仲堪等盟于尋陽，推桓玄爲盟主。

十一月，以琅邪王德文爲衛將軍、開府儀同三司，領軍將軍王雅爲尚書左僕射。

十二月己丑，魏王珪即尊位，年號天興。京兆人韋華帥襄陽流人叛，〔六〕降于姚興。己酉，前新安太守杜炯反于京口，會稽王世子元顯討斬之。禿髮烏孤自稱武威王。

三年春正月辛酉，封宗室藴爲淮陵王。

二月甲辰，河間王國鎮薨。林邑范胡達陷日南、〔七〕九眞，遂寇交阯，太守杜瑗討破之。段業自稱涼王。仇池公楊盛遣使稱藩，獻方物。

三月己卯，追尊所生陳夫人爲德皇太后。

夏四月乙未，加尚書令王珣衛將軍，以會稽王世子元顯爲揚州刺史。

六月戊子，以琅邪王德文爲司徒。慕容德陷青州，害龍驤將軍辟閭渾，遂僭即皇帝位于廣固。

秋八月，禿髮烏孤死，其弟利鹿孤嗣僞位。

冬十月，姚興陷洛陽，執河南太守辛恭靖。〔八〕

十一月甲寅，妖賊孫恩陷會稽，內史王凝之死之，吳國內史桓謙、臨海太守新蔡王崇、義興太守魏隱並委官而遁，〔九〕吳興太守謝邈、永嘉太守司馬逸皆遇害。〔一〇〕遣衞將軍謝琰、輔國將軍劉牢之逆擊，走之。

十二月，桓玄襲江陵，荆州刺史殷仲堪、南蠻校尉楊佺期並遇害。呂光立其太子紹爲天王，自號太上皇。是日，光死，呂纂弑紹而自立。

是歲，荆州大水，平地三丈。

四年春正月乙亥，大赦。

二月己丑，有星孛于奎婁，進至紫微。

三月，彗星見于太微。

夏四月，地震。孫恩寇浹口。

五月丙寅，散騎常侍、衞將軍、東亭侯王珣卒。己卯，會稽內史謝琰爲孫恩所敗，死之。

恩轉寇臨海。

六月庚辰朔，日有蝕之。旱。輔國司馬劉裕破恩於南山。恩將盧循陷廣陵，〔一〇〕死者三千餘人。以琅邪王師何澄爲尚書左僕射。

秋七月壬子，太皇太后李氏崩。丁卯，大赦。是月，姚興伐乞伏乾歸，降之。

八月丁亥，尚書右僕射王雅卒。壬寅，葬文太后于脩平陵。

九月癸丑，地震。

冬十一月，寧朔將軍高雅之及孫恩戰於餘姚，王師敗績。以揚州刺史元顯爲後將軍、開府儀同三司、都督揚豫徐兗青幽冀并荆江司雍梁益交廣十六州諸軍事，前將軍劉牢之爲鎮北將軍，封元顯子彥璋爲東海王。

十二月戊寅，有星孛于天市。

是歲，河右諸郡奉涼武昭王李玄盛爲秦涼二州牧、涼公，年號庚子。

五年春二月丙子，孫恩復寇浹口。呂超弒呂纂，以其兄隆僭卽僞位。

三月甲寅，衆星西流，歷太微。

夏五月，孫恩寇滬瀆，吳國內史袁山松死之。〔一一〕沮渠蒙遜殺段業，自號大都督、北涼州

牧。〔一三〕

六月甲戌，孫恩至丹徒。乙亥，內外戒嚴，百官入居于省。冠軍將軍高素、右衞將軍張崇之守石頭，輔國將軍劉襲柵斷淮口，丹楊尹司馬恢之戍南岸，冠軍將軍桓謙、輔國將軍司馬允之、游擊將軍毛邃備白石，左衞將軍王嘏、領軍將軍孔安國屯中皇堂。徵豫州刺史、譙王尚之衞京師。寧朔將軍高雅之擊孫恩于廣陵之郁洲，爲賊所執。

秋七月，段璣弑慕容盛，〔一四〕盛叔父熙盡誅段氏，因僭稱尊號。

九月，呂隆降于姚興。

冬十月，姚興帥師侵魏，大敗而旋。

是歲，饑，禁酒。

元興元年春正月庚午朔，大赦，改元。以後將軍元顯爲驃騎大將軍、征討大都督，鎮北將軍劉牢之爲元顯前鋒，前將軍、譙王尚之爲後部，以討桓玄。

二月丙午，帝戎服餞元顯于西池。丁巳，遣兼侍中、齊王柔之以騶虞幡宣告荆、江二州。丁卯，桓玄敗王師于姑孰，譙王尚之、齊王柔之並死之。以右將軍吳隱之爲都督交廣二州諸軍事、廣州刺史。

三月己巳，劉牢之叛降于桓玄。辛未，王師敗績于新亭，驃騎大將軍、會稽王世子元顯，東海王彥璋，冠軍將軍毛泰，游擊將軍毛邃並遇害。壬申，桓玄自爲侍中、丞相、錄尚書事，以桓謙爲尚書僕射，〔一五〕遷太傅、會稽王道子于安城。玄俄又自稱太尉、揚州牧，總百揆，以琅邪王德文爲太宰。

臨海太守辛景擊孫恩，〔一六〕斬之。是月，禿髮利鹿孤死，弟傉檀嗣僞位。

秋七月乙亥，新蔡王崇爲其奴所害。

八月庚子，尚書下舍災。

冬十月，冀州刺史劉軌叛奔于慕容德。

十二月庚申，會稽王道子爲桓玄所害。曲赦廣陵、彭城大逆以下。

二年春二月辛丑，建威將軍劉裕破徐道覆于東陽。乙卯，桓玄自稱大將軍。丁巳，冀州刺史孫無終爲桓玄所害。

夏四月癸巳朔，日有蝕之。

秋八月，玄又自號相國、楚王。

九月，南陽太守庾仄起義兵，爲玄所敗。

冬十一月壬午，玄遷帝于永安宮。癸未，移太廟神主于琅邪國。

十二月壬辰，玄篡位，以帝爲平固王。辛亥，帝蒙塵于尋陽。

三年春二月，帝在尋陽。庚寅夜，濤水入石頭，漂殺人戶。乙卯，建武將軍劉裕帥沛國劉毅、東海何無忌等舉義兵。丙辰，斬桓玄所署徐州刺史桓脩于京口，青州刺史桓弘于廣陵。丁巳，義師濟江。

三月戊午，劉裕斬玄將吳甫之于江乘，斬皇甫敷於羅落。己未，玄衆潰而逃。庚申，劉裕置留臺，具百官。壬戌，桓玄司徒王謐推劉裕行鎮軍將軍、徐州刺史、都督揚徐兗豫青冀幽幷八州諸軍事、假節。劉裕以謐領揚州刺史、錄尚書事。辛酉，劉裕誅尚書左僕射王愉、愉子荆州刺史綏、〔一七〕司州刺史溫詳。辛未，桓玄逼帝西上。丙戌，密詔以幽逼於玄，萬機虛曠，令武陵王遵依舊典，承制總百官行事，加侍中，餘如故。幷大赦謀反大逆已下，惟桓玄一祖之後不宥。

夏四月己丑，大將軍、武陵王遵稱制，總萬機。庚寅，帝至江陵。庚戌，輔國將軍何無忌、振武將軍劉道規及桓玄將庾稚、〔一八〕何澹之戰于湓口，大破之。玄復逼帝東下。

五月癸酉，冠軍將軍劉毅及桓玄戰于崢嶸洲，又破之。己卯，帝復幸江陵。辛巳，荆州別駕王康產、南郡太守王騰之奉帝居于南郡。壬午，督護馮遷斬桓玄於貊盤洲。〔一九〕乘輿反正于江陵。甲申，詔曰：「姦兇篡逆，自古有之。朕不能式遏杜漸，以致播越。賴鎮軍將軍裕英略奮發，忠勇絕世，冠軍將軍毅等誠心宿著，協同嘉謀。義聲既振，士庶效節，社稷載安，四海齊慶。其大赦，凡諸畏逼事屈逆命者，一無所問。」戊寅，〔二〇〕奉神主入于太廟。

閏月己丑，桓玄故將揚武將軍桓振陷江陵，劉毅、何無忌退守尋陽，帝復蒙塵于賊營。

六月，益州刺史毛璩討僞梁州刺史桓希，斬之。

秋七月戊申，永安皇后何氏崩。

八月癸酉，祔葬穆帝章皇后于永平陵。

九月，前給事中刁騁、祕書丞王邁之謀反，伏誅。

冬十月，盧循寇廣州，刺史吳隱之爲循所敗，執始興相阮腆之而還。〔二一〕慕容德死，兄子超嗣僞位。

義熙元年春正月，帝在江陵。南陽太守魯宗之起義兵，襲破襄陽。己丑，劉毅次于馬頭。桓振以帝屯于江津。辛卯，宗之破振將溫楷于柞溪，進次紀南，爲振所敗。振武將軍劉道規擊桓謙，走之。乘輿反正，帝與琅邪王幸道規舟。戊戌，詔曰：「朕以寡德，夙纂洪緒。不能緝熙遐邇，式遏姦宄。逆臣桓玄乘釁肆亂，乃誣罔天人，篡據極位。朕躬播越，淪胥荒裔，宣皇之基，眇焉以墜。賴鎮軍將軍裕忠武英斷，誠冠終古。運謀機始，貞賢協其契，抆淚誓衆，義士感其心。故霜戈一揮，巨猾奔迸，三率棱威，大憝授首。而孽振猖狂，嗣凶荆郢。幸天祚社稷，義旗載捷，狡徒沮潰，朕獲反正。斯實宗廟之靈，勤王之勳。豈朕一人，獨享伊祜，思與億兆，幸茲更始。其大赦，改元，唯玄振一祖及同黨不在原例。賜百官爵二級，〔三〕鰥寡孤獨穀人五斛，大酺五日。」

二月丁巳，留臺備乘輿法駕，迎帝於江陵。弘農太守戴寧之、建威主簿徐惠子等謀反，伏誅。平西參軍譙縱害平西將軍、益州刺史毛璩，以蜀叛。

三月，桓振復襲江陵，荆州刺史司馬休之奔于襄陽。建威將軍劉懷肅討振，斬之。帝至自江陵。乙未，百官詣闕請罪。詔曰：「此非諸卿之過，其還率職。」戊戌，舉章皇后哀三日，臨于西堂。劉裕及何無忌等抗表遜位，不許。庚子，以琅邪王德文爲大司馬，武陵王遵爲太保，加鎮軍將軍劉裕爲侍中、車騎將軍、都督中外諸軍事。甲辰，詔曰：「自頃國難之後，人物彫殘，常所供奉，猶不改舊，豈所以視人如傷，禹湯歸過之誠哉！可籌量減省。」

夏四月，劉裕旋鎮京口。戊辰，餞于東堂。

五月癸未，禁絹扇及摴蒱。游擊將軍、章武王秀、益州刺史司馬軌之謀反，伏誅。桓玄故將桓亮、苻宏、刁預寇湘州，守將擊走之。

秋八月甲子，封臨川王子脩之爲會稽王。

冬十一月，乞伏乾歸伐仇池，仇池公楊盛大破之。

是歲，涼武昭王玄盛遣使奉表稱藩。

二年春正月，益州刺史司馬榮期擊譙縱將譙子明于白帝，破之。

夏五月，封高密王子法蓮爲高陽王。

秋七月，梁州刺史楊孜敬有罪，伏誅。

冬十月，論匡復之功，封車騎將軍劉裕爲豫章郡公，撫軍將軍劉毅南平郡公，右將軍何無忌安成郡公，自餘封賞各有差。乙亥，以左將軍孔安國爲尙書左僕射。

十二月，盜殺零陵太守阮野。

三年春二月己酉，車騎將軍劉裕來朝。誅東陽太守殷仲文、南蠻校尉殷叔文、晉陵太守殷道叔、永嘉太守駱球。己丑，〔三〕大赦，除酒禁。

夏五月，大水。

六月，姚興將赫連勃勃僭稱天王于朔方，國號夏。

秋七月戊戌朔，日有蝕之。汝南王遵之有罪，伏誅。

八月，遣冠軍將軍劉敬宣持節監征蜀諸軍事。

冬十一月，赫連勃勃大敗禿髮傉檀，傉檀奔于南山。

是歲，高雲、馮跋殺慕容熙，雲僭卽帝位。

四年春正月甲辰，以琅邪王德文領司徒，車騎將軍劉裕爲揚州刺史、錄尚書事。庚申，侍中、太保、武陵王遵薨。

夏四月，散騎常侍、尚書左僕射孔安國卒。甲午，加吏部尚書孟昶尚書左僕射。

冬十一月癸丑，〔二四〕雷。梁州刺史楊思平有罪，棄市。辛卯，大風拔樹。是月，禿髮傉檀僭卽涼王位。

十二月，陳留王曹靈誕薨。

五年春正月辛卯，大赦。庚戌，以撫軍將軍劉毅爲衞將軍、開府儀同三司，加輔國將軍何無忌鎭南將軍。戊戌，尋陽地震。

二月，慕容超將慕容興宗寇宿豫，陽平太守劉千載、南陽太守趙元並爲賊所執。〔二五〕

三月己亥，大雪，〔二六〕平地數尺。車騎將軍劉裕帥師伐慕容超。

夏六月丙寅，震于太廟。劉裕大破慕容超于臨朐。

秋七月，姚興將乞伏乾歸僭稱西秦王於苑川。

九月戊辰，離班弒高雲，雲將馮跋攻班，殺之。〔二七〕跋僭卽王位，仍號燕。

冬十月，魏清河王紹弒其主珪。

六年春二月丁亥，劉裕攻慕容超，克之，齊地悉平。是月，廣州刺史盧循反，寇江州。

三月，禿髮傉檀及沮渠蒙遜戰于窮泉，傉檀敗績。壬申，鎮南將軍、江州刺史何無忌及循戰于豫章，王師敗績，無忌死之。

夏四月，青州刺史諸葛長民、兗州刺史劉藩、〔二八〕并州刺史劉道憐乃入衞京師。

五月丙子，大風，拔木。〔二九〕戊子，衞將軍劉毅及盧循戰于桑落洲，〔三〇〕王師敗績。尚書左僕射孟昶懼，自殺。己未，大赦。乙丑，循至淮口，內外戒嚴。大司馬、琅邪王德文都督宮城諸軍事，次中皇堂，太尉劉裕次石頭，梁王珍之屯南掖門，冠軍將軍劉敬宣屯北郊，輔國將軍孟懷玉屯南岸，建武將軍王仲德屯越城，廣武將軍劉懷默屯建陽門，淮口築柤浦、藥

圍、廷尉三壘以距之。丙寅，震太廟鴟尾。〔三二〕

秋七月庚申，盧循遁走。甲子，使輔國將軍王仲德、廣川太守劉鍾、河間內史蒯恩等帥衆追之。是月，盧循寇荆州，刺史劉道規、雍州刺史魯宗之等敗之。又破徐道覆于華容，賊復走尋陽。

八月，姚興將桓謙寇江陵，〔三三〕劉道規敗之。

冬十一月，蜀賊譙縱陷巴東，守將溫祚、時延祖死之。

十二月壬辰，劉裕破盧循于豫章。

七年春二月壬午，右將軍劉藩斬徐道覆于始興，傳首京師。

夏四月，盧循走交州，刺史杜慧度斬之。

秋七月丁卯，以荆州刺史劉道規爲征西大將軍、開府儀同三司。

冬十月，沮渠蒙遜伐涼，涼武昭王玄盛與戰，敗之。

八年春二月丙子，以吳興太守孔靖爲尚書右僕射。

三月甲寅，山陰地陷四尺，有聲如雷。

夏五月，乞伏公府弒乞伏乾歸，乾歸子熾盤誅公府，〔三三〕僭卽僞位。

六月，以平北將軍魯宗之爲鎭北將軍。

秋七月甲午，武陵王季度薨。庚子，〔三四〕征西大將軍劉道規卒。

八月，皇后王氏崩。辛亥，高密王純之薨。

九月癸酉，葬僖皇后于休平陵。己卯，太尉劉裕害右將軍兗州刺史劉藩、尙書左僕射謝混。庚辰，裕矯詔曰：「劉毅苞藏禍心，構逆南夏，藩、混助亂，志肆姦宄。賴寧輔玄鑒，撫機挫銳，凶黨卽戮，社稷乂安。夫好生之德，所因者本，肆眚覃仁，實資玄澤。況事興大憝，禍自元凶。其大赦天下，唯劉毅不在其例。普增文武位一等。孝順忠義，隱滯遺逸，必令聞達。」己丑，劉裕帥師討毅。裕參軍王鎭惡陷江陵城，毅自殺。

冬十一月，沮渠蒙遜僭號河西王。

十二月，以西陵太守朱齡石爲建威將軍、〔三五〕益州刺史，帥師伐蜀。分荆州十郡置湘州。

是歲，廬陵、南康地四震。

九年春三月丙寅，劉裕害前將軍諸葛長民及其弟輔國大將軍黎民、從弟寧朔將軍秀之。戊寅，〔三六〕加劉裕鎭西將軍、豫州刺史。林邑范胡達寇九眞，〔三七〕交州刺史杜慧度斬之。

夏四月壬戌，罷臨沂、湖熟皇后脂澤田四十頃，以賜貧人，弛湖池之禁。封鎭北將軍魯宗之爲南陽郡公。

秋七月，朱齡石克成都，斬譙縱，益州平。

九月，封劉裕次子義眞爲桂陽公。

冬十二月，安平王球之薨。〔三八〕

是歲，高句麗、倭國及西南夷銅頭大師並獻方物。

十年春三月戊寅，地震。

夏六月，乞伏熾盤帥師伐禿髮傉檀，滅之。

秋七月，淮北大風，壞廬舍。

九月丁巳朔，日有蝕之。林邑遣使來獻方物。

是歲，城東府。

十一年春正月，荆州刺史司馬休之、雍州刺史魯宗之並舉兵貳於劉裕，裕帥師討之。

庚午，大赦。丁丑，以吏部尚書謝裕爲尚書左僕射。

二月丁未，姚興死，子泓嗣僞位。〔三九〕

三月辛巳，淮陵王蘊薨。壬午，劉裕及休之戰于江津，休之敗，奔襄陽。

夏四月乙卯，青、冀二州刺史劉敬宣爲其參軍司馬道賜所害。

五月甲申，彗星二見。甲午，休之、宗之出奔于姚泓。〔四〇〕論平蜀功，封劉裕子義隆彭城公，朱齡石豐城公。己酉，霍山崩，出銅鍾六枚。

秋七月丙戌，京師大水，壞太廟。辛亥晦，日有蝕之。

八月丁未，〔四一〕尚書左僕射謝裕卒，以尚書右僕射劉穆之爲尚書左僕射。

九月己亥，大赦。

十二年春正月，姚泓使其將魯軌寇襄陽，雍州刺史趙倫之擊走之。

二月，加劉裕中外大都督。

夏六月，赫連勃勃攻姚泓秦州，陷之。己酉，新除尚書令、都鄉亭侯劉柳卒。

秋八月，劉裕及琅邪王德文帥衆伐姚泓。丙午，大赦。

冬十月丙寅，姚泓將姚光以洛陽降。〔四二〕己丑，遣兼司空、高密王恢之修謁五陵。

十三年春正月甲戌朔，日有蝕之。

二月，涼武昭王李玄盛薨，世子士業嗣位爲涼州牧、涼公。

三月，龍驤將軍王鎭惡大破姚泓將姚紹于潼關。

夏，劉裕敗魏將鵝青于河曲，〔四三〕斬青裨將阿薄干。是月，涼公李士業大敗沮渠蒙遜于鮮支澗。〔四四〕

五月，〔四五〕劉裕克潼關。丁亥，會稽王脩之薨。

六月癸亥，林邑獻馴象、白鸚鵡。

秋七月，劉裕克長安，執姚泓，收其彝器，歸諸京師。南海賊徐道期陷廣州，始興相劉謙之討平之。

冬十一月辛未，左僕射、前將軍劉穆之卒。

十四年春正月辛巳，〔四六〕大赦。青州刺史沈田子害龍驤將軍王鎭惡于長安。

夏六月，劉裕爲相國，進封宋公。

冬十月，以涼公士業爲鎭西將軍，封酒泉公。

十一月，赫連勃勃大敗王師于青泥北。雍州刺史朱齡石焚長安宮殿，奔于潼關。尋又大潰，齡石死之。

十二月戊寅，帝崩于東堂，時年三十七。葬休平陵。

帝不惠，自少及長，口不能言，雖寒暑之變，無以辯也。凡所動止，皆非己出。故桓玄之篡，因此獲全。初讖云「昌明之後有二帝」，劉裕將爲禪代，故密使王韶之縊帝而立恭帝，以應二帝云。

恭帝

恭帝諱德文，字德文，安帝母弟也。初封琅邪王，歷中軍將軍、散騎常侍、衞將軍、開府儀同三司，加侍中，領司徒、錄尚書六條事。元興初，遷車騎大將軍。桓玄執政，進位太宰，加袞冕之服，綠綟綬。玄篡位，以帝爲石陽縣公，與安帝俱居尋陽。及玄敗，隨至江陵。玄死，桓振奄至，躍馬奮戈，直至階下，瞋目謂安帝曰：「臣門戶何負國家，而屠滅若是？」帝乃下牀謂振曰：「此豈我兄弟意邪！」振乃下馬致拜。振平，復爲琅邪王。又領徐州刺史，尋拜大司馬，領司徒，加殊禮。

義熙五年，置左右長史、司馬、從事中郎四人，加羽葆鼓吹。

十二年，詔曰：「大司馬明德懋親，太尉道勳光大，並徽序彝倫，燮和二氣，髦俊引領，思佐鼎飪。而雅尚沖挹，四門弗闢，誠合大雅謙虛之道，實違急賢贊世之務。昔蒲輪載徵，異人並出，東平開府，奇士嚮臻，濟濟之盛，朕有欽焉。可敕二府，依舊辟召，必將明敭俊乂，嗣軌前賢矣。」於是始辟召掾屬。時太尉裕都督中外諸軍，詔曰：「大司馬地隆任重，親賢莫貳。雖府受節度，可身無致敬。」

劉裕之北征也，帝上疏，請帥所莅，啓行戎路，修敬山陵。朝廷從之，乃與裕俱發。及有司以卽戎不得奉辭陵廟，帝復上疏曰：「臣推轂閫外，將革寒暑，不獲展情延埏，私心罔極。伏願天慈，特垂聽許，使臣徽誠粗申，卽路無恨。」許之。及姚泓滅，歸于京都。

十四年十二月戊寅，安帝崩。劉裕矯稱遺詔曰：〔四七〕「唯我有晉，誕膺明命，業隆九有，光宅四海。朕以不德，屬當多難，幸賴宰輔，拯厥顛覆。仍恃保祐，克黜禍亂，遂冕旒辰極，混一六合。方憑阿衡，惟新洪業，而遘疾大漸，將遂弗興。仰惟祖宗靈命，親賢是荷。咨爾大司馬、琅邪王，體自先皇，明德光懋，屬惟儲貳，衆望攸集。其君臨晉邦，奉係宗祀，允執其中，燮和天下。闡揚末誥，無廢我高祖之景命。」是日，卽帝位，大赦。

元熙元年春正月壬辰朔，改元。以山陵未厝，不朝會。立皇后褚氏。甲午，徵劉裕還朝。戊戌，有星孛于太微西蕃。庚申，葬安皇帝于休平陵。帝受朝，懸而不樂。以驃騎將軍劉道憐爲司空。

秋八月，劉裕移鎭壽陽。以劉懷愼爲前將軍、北徐州刺史，鎭彭城。

九月，劉裕自解揚州。

冬十月乙酉，裕以其子桂陽公義眞爲揚州刺史。

十一月丁亥朔，日有蝕之。

十二月辛卯，〔四八〕裕加殊禮。己卯，太史奏，黑龍四見于東方。

二年夏六月壬戌，劉裕至于京師。傅亮承裕密旨，諷帝禪位，草詔，請帝書之。帝欣然謂左右曰：「晉氏久已失之，今復何恨。」乃書赤紙爲詔。甲子，遂遜于琅邪第。劉裕以帝爲零陵王，居于秣陵，行晉正朔，車旗服色一如其舊，有其文而不備其禮。帝自是之後，深慮禍機，褚后常在帝側，飲食所資，皆出褚后，故宋人莫得伺其隙。宋永初二年九月丁丑，〔四九〕裕使后兄叔度請后，有間，兵人踰垣而入，弒帝于內房。時年三十六。謚恭皇帝，葬沖平陵。

帝幼時性頗忍急，及在藩國，嘗令善射者射馬爲戲。既而有人云：「馬者國姓，而自殺之，不祥之甚。」帝亦悟，甚悔之。其後復深信浮屠道，鑄貨千萬，造丈六金像，親於瓦官寺迎之，步從十許里。安帝既不惠，帝每侍左右，消息溫涼寢食之節，以恭謹聞，時人稱焉。

始，元帝以丁丑歲稱晉王，置宗廟，使郭璞筮之，云「享二百年」。自丁丑至禪代之歲，年在庚申，爲一百四歲。然丁丑始倸西晉，庚申終入宋年，所餘惟一百有二歲耳。璞蓋以百二之期促，故婉而倒之爲二百也。

史臣曰：安帝卽位之辰，鍾無妄之日，道子、元顯並傾朝政，主昏臣亂，未有如斯不亡者也。雖有手握戎麾，心存舊國，迴首無良，忽焉蕭散。於是桓玄乘釁，勢踰飆指，六師咸泯，隻馬徂遷。是以宋高非典午之臣，孫恩豈金行之寇。若乃世遇顚覆，則恭皇斯甚。於越之民，詎燻丹穴，會稽之侶，寧歎入臣。去皇屋而歸來，灑丹書而不恨。夫五運攸革，三微數盡，猶高秋彫候，理之自然。觀其搖落，人有爲之流漣者也。

贊曰：安承流湎，大盜斯張。恭乃寓命，他人是綱。猶存周赧，始立懷王。虛尊假號，異術同亡。

校勘記

〔一〕竇苟　原作「竇荀」。周校：光及秃髮載記作「竇苟」。斠注：御覽三三六引後涼錄亦作「竇苟」。按：通鑑一〇九亦作「竇苟」，「苟」「荀」形近易誤，今據改。

〔二〕甲寅至戊午　二月己巳朔，無甲寅、戊午日，此二日宜在三月。

〔三〕慕容麟爲魏師所敗　「敗」，殿本、局本作「殺」，誤。魏書太祖紀、通鑑一〇九並云麟敗奔鄴。據慕容德載記，麟後爲慕容德之尙書令然後被殺，非死於此時。宋本改作「敗」，今從之。

〔四〕王愉　原作「王渝」。周校：「愉」誤「渝」。按：下元興三年及愉傳、王恭傳、會稽王道子傳、通鑑一一〇皆作「愉」，今據改。

〔五〕鄧啓方　原作「鄧啓」。周校：天文志及慕容載記皆作「鄧啓方」。按：郗恢傳、通鑑一一〇亦均作「鄧啓方」，今補成一律。

〔六〕韋華　原作「韋禮」。周校：姚興載記作「韋華」。校文：載記下文尙有兼司徒韋華、右僕射韋華，張忠傳及前秦載記苻堅時有黄門侍郎韋華，當即其人。按：韋華亦見宋書武紀中。今據改。

〔七〕范胡達　原作「范達」，無「胡」字。周校：據四夷傳當作「范胡達」。斠注：宋書良吏傳亦有「胡」字。按：宋書天文志三、水經溫水注並有「范胡達」。今據補「胡」字。

〔八〕辛恭靖　原作「辛恭靜」。周校：「恭靜」當照本傳作「恭靖」。按：通鑑一一一、通志一〇下亦作「恭靖」，今據改。

〔九〕魏隱　孫恩傳作「魏傿」。校文：謝琰傳作「魏鄢」。

〔一〇〕司馬逸　商榷：孫恩傳作「謝逸」。考異：南史孝義傳作「司馬逸之」。按：宋書張進之傳亦作「司馬逸之」。

〔一一〕恩將盧循陷廣陵　孫恩傳、通鑑一一二皆繫於下年，魏書司馬叡傳亦繫於下年攻滬瀆至郁洲之後，紀蓋錯前一年。

〔一二〕孫恩寇滬瀆吳國內史袁山松死之　原脫「滬瀆」二字。校文：以山松傳校之，「寇」下似脫「滬瀆」二字。按：丁說是。「孫恩寇滬瀆」亦見孫恩傳、宋書武帝紀上、通鑑一一二。今據補。

〔一三〕北涼州牧　周校：載記涼州牧無「北」字。按：北史北涼列傳、御覽一二四引北涼錄同載記。

〔一四〕段璣弑慕容盛　「段璣」，各本作「段興」，惟殿本作「段璣」。據慕容盛載記及御覽一二五引後燕錄、通鑑一一二均謂段璣與秦興、段泰共同殺盛，則作「段璣」者是，今從殿本。

〔一五〕以桓謙爲尚書僕射　據弘明集一二桓謙答玄論沙門敬事書署銜爲「中軍將軍、尚書令」，廣弘明集二五道宣簡宰輔敍佛教隆替狀亦稱「尚書令桓謙」，不作「僕射」。

〔一六〕辛景　諸史考異：世說德行注引晉書安帝紀作「辛昺」，今紀作「辛景」，是史臣避唐諱改。

〔一七〕荊州刺史綏　「綏」，各本作「緩」，惟殿本作「綏」。本傳及宋書南史宋武帝紀、天文志三均作「綏」，今從殿本。

〔一八〕恒玄將庾稚　周校：玄傳「庾稚」作「庾稚祖」。按：通鑑一一三亦作「庾稚祖」。

〔一九〕貊盤洲　恒玄傳作「枚回洲」，水經江水注、通鑑一一三、御覽六六引荆南記亦均作「枚回洲」。

〔二〇〕戊寅　戊寅後癸酉六日，而在上文己卯前，此日次失序。

〔二一〕阮腆之　阮裕傳作「阮腆」。

〔二二〕賜百官爵二級　「官」，宋本及通志一〇下均作「姓」，今從殿本、局本。

〔二三〕己丑　二月辛丑朔，無己丑，己丑爲閏二月十九日。上文誅殷仲文、駱球等，通鑑一一四並繫於閏月。

〔二四〕癸丑　是月辛卯朔，下「辛卯」應在癸丑前，繫日失序。

〔二五〕南陽太守趙元　慕容超載記及宋書武帝紀上「南陽」並作「濟南」。以地理考之，作「濟南」者是。

〔二六〕三月己亥大雪　「己亥」原作「乙亥」。三月己丑朔，無乙亥。五行志下及宋書五行志四作「己亥」，是，今據改。

〔二七〕九月戊辰至馮跋攻班殺之　九月丙戌朔，無戊辰。通鑑一一五繫此事於十月。「殺」，各本作「弒」，誤，今據殿本及建康實錄一〇改。

〔二八〕劉藩　天文志下作「劉蕃」。

〔二九〕五月丙子大風拔木　丙子依日序當在下「己未」「乙丑」之下。五行志下、宋書五行志五皆云

「五月壬申大風，拔北郊樹」，「甲戌又風，發屋折木」，疑紀日干有誤。

〔三〇〕戊子至桑落洲　五月壬子朔，無戊子，通鑑一一五作「戊午」，以下文「己未」「乙丑」日序推之，作「戊午」者是。

〔三一〕丙寅震太廟鴟尾　上年書「夏六月丙寅震于太廟」，疑此爲一事之誤重，宋書五行志四在五年可證。

〔三二〕姚興將桓謙　校文：桓玄傳、宋武紀桓謙爲譙縱將。

〔三三〕熾盤　宜依熾磐載記作「熾磐」。下同。

〔三四〕庚子　七月己巳朔，無庚子。通鑑一一六作「閏月」，建康實錄一〇作「八月」，俱有庚子，未知孰是。

〔三五〕西陵太守朱齡石　周校：「西陵」譙縱傳作「西陽」。按：宋書朱齡石傳、建康實錄一〇及通鑑一一六俱作「西陽」。

〔三六〕戊寅　「戊寅」上原有「三月」二字，複出，删。

〔三七〕范胡達　「胡」，各本作「湖」，今從宋本，說詳本卷校記〔七〕。

〔三八〕安平王球之薨　上年云「武陵王季度薨」，球之爲季度子，作「安平王」誤，元四王傳並可證。

〔三九〕姚興死子泓嗣僞位　姚興實死于下年，紀誤提前一年，說詳通鑑考異。宋書及南史之武帝紀亦可證。

〔四〇〕休之宗之出奔于姚泓　校文：載記二人出奔皆在姚興時，休之傳亦云。然今謂奔於姚泓，蓋紀誤以興死於是年二月，故休之等以五月出奔，遂屬於泓耳。實則興死在十二年，非是年。

〔四一〕八月丁未　八月壬子朔，無丁未。

〔四二〕姚光　斠注：姚泓載記「光」作「洸」。按：宋書武帝紀中、魏書姚萇傳、通鑑一一七並作「洸」。

〔四三〕鵝青　斠注：魏書司馬叡傳作「娥親」，廣韻七歌：「娥，又姓」，本紀作「鵝」誤。按：魏書太宗紀、劉裕傳、通鑑一一八亦作「娥清」。

〔四四〕鮮支澗　蒙遜載記、通鑑一一八作「解支澗」。

〔四五〕五月　「五月」上原有「夏」字，複出，刪。

〔四六〕正月辛巳　正月丁酉朔，無辛巳。

〔四七〕遺詔　各本無「遺」字，據宋本及通志一〇下補。

〔四八〕十二月辛卯　十二月丁巳朔，無辛卯。

〔四九〕九月丁丑　九月丙午朔，無丁丑。